财务报告编制实训

（修订版）

主　编　顾　艳
副主编　孙金花　姚华云

东南大学出版社
·南京·

图书在版编目(CIP)数据

财务报告编制实训(修订版)/顾艳主编. —南京:东南大学出版社,2012.1(2021.7重印)
ISBN 978-7-5641-2984-2

Ⅰ.①财… Ⅱ.①顾… Ⅲ.①会计报表—编制—高等学校—教材 Ⅳ.①F231.5

中国版本图书馆 CIP 数据核字(2011)第 177459 号

财务报告编制实训(修订版)

出版发行:东南大学出版社
社　　址:南京市四牌楼2号　邮编:210096
出 版 人:江建中
责任编辑:史建农
网　　址:http://www.seupress.com
电子邮箱:press@seupress.com
经　　销:全国各地新华书店
印　　刷:南京京新印刷有限公司
开　　本:700mm×1000mm　1/16
印　　张:14.5
字　　数:364 千字
版　　次:2012 年 1 月第 1 版
印　　次:2021 年 7 月第 8 次印刷
书　　号:ISBN 978-7-5641-2984-2
定　　价:38.00 元

本社图书若有印装质量问题,请直接与营销部联系。电话:025-83791830

前 言

《财务报告编制实训》是以财经院校财务管理专业、会计专业应用型人才培养为目标,为提高学生的实践能力而编写的。财务管理专业、会计专业的学生在学完《基础会计》《财务会计》后对会计基本理论已经有所掌握,通过基础会计模拟实习、财务会计模拟实习等实践环节的练习,对经济业务发生后编制凭证、登记账簿已基本掌握。但凭证、账簿上的核算资料比较分散,不能集中、概括地反映企业财务状况和经营成果。为此,有必要定期将日常会计核算资料加以分类整理、汇总,按一定的形式编制财务报告。但财务报告的编制综合程度高,仍是学生处理的薄弱环节,故财务管理专业、会计专业在实践教学环节强化财务报告编制是很有必要的。通过该实训使学生深刻理解报表数据来源、报表编制方法,提高理论联系实际的能力,为将来更好地完成工作打下良好的基础。

自《财务报告编制实训》出版以来,我国经济实现了高速发展,会计制度与会计准则也发生了巨大变化,财经类专业教育无论是从规模还是质量来看都有了长足的进步。为了更好地适应会计环境和教育环境的变化,尽可能满足高校财经类专业教学的需要,现对《财务报告编制实训》教材进行修订。修订的主要原因在于近年来我国全面实行营改增,并且会计准则、财务报告的格式以及增值税税率也发生了变化。2011年,经国务院批准,财政部、国家税务总局联合下发营业税改增值税试点方案。从2012年1月1日起,在上海交通运输业和部分现代服务业开展营业税改增值税试点。2016年3月18日召开的国务院常务会议决定,自2016年5月1日起,中国将全面推开营改增试点,将建筑业、房地产业、金融业、生活服务业全部纳入营改增试点,至此,营业税退出历史舞台,增值税制度将更加规范。这是自1994年分税制改革以来,财税体制的又一次深刻变革。近年财政部发布了多个修订后的会计准则,并于2018年6月15日印发了《关于修订印发2018年度一般企业财务报表格式的通知》,对一般企业财务报表的格式进行了修订。2018年4月4

日,财政部、国家税务总局发布了《关于调整增值税税率的通知》,规定从 2018 年 5 月 1 日起,增值税的两档税率下调。

　　会计制度与会计准则的变动要求《财务报告编制实训》教材要随之调整,以适应会计制度以及会计准则的最新要求。本次修订工作中,前言部分以及第 1~6 章由顾艳执笔;第 7 章由孙金花执笔;姚华云、孙莉对整本教材进行了审核。本书在修订过程中,得到三江学院以及三江学院商学院领导的鼓励,得到东南大学出版社的鼎力支持,在此表示衷心的感谢! 同时感谢所有帮助过我的同事、朋友和学生。最后,真诚地感谢我的家人,是他(她)们的关心和鼓舞才使得本书得以顺利完成。

　　本书可作为财务管理专业、会计专业实践教学用书,在教学组织上单项训练可作为《财务会计》课程同步配套使用,综合训练可以在《财务会计》课程结束后进行集中实践使用。该实训教材也可作为《财务报表编制与分析》课程的补充教材,或者作为广大会计、财务、税务等实务工作者的参考资料。

　　由于作者水平有限,编写时间紧张,本教材难免存在不足之处,恭请广大师生以及读者批评指正。

顾　艳
2019 年 1 月

目 录

第一章 总论 ·· 1
  一、财务会计报告 ·· 1
  二、财务会计报告编制实训的目的 ·· 3
  三、财务报告编制实训的内容 ··· 4
  四、财务报告编制实训的考评 ··· 4

第二章 财务报告编制的前期准备 ··· 6
  一、编制财务报告前的准备工作 ·· 6
  二、实训案例 ··· 7
  三、财务报告编制的前期准备实训 ·· 24

第三章 资产负债表项目编制单项实训 ··· 32
  一、实训目的 ··· 32
  二、实训内容 ··· 32
  三、实训指导 ··· 34
  四、实训案例 ··· 49
  五、资产负债表编制单项实训 ··· 56

第四章 利润表项目编制单项实训 ··· 58
  一、实训目的 ··· 58
  二、实训内容 ··· 58
  三、实训指导 ··· 60
  四、实训案例 ··· 66
  五、利润表项目编制实训 ··· 71

第五章 现金流量表项目编制单项实训 ··· 73
  一、实训目的 ··· 73
  二、实训内容 ··· 73
  三、实训指导 ··· 75
  四、实训案例 ··· 97
  五、现金流量表编制实训 ··· 115

第六章 所有者权益变动表项目编制单项实训 ······························ 118

一、实训目的 …………………………………………………… 118
　　二、实训内容 …………………………………………………… 118
　　三、实训指导 …………………………………………………… 121
　　四、实训案例 …………………………………………………… 122
　　五、所有者权益变动表编制单项实训 ………………………… 126
第七章　财务报告编制综合实训 ………………………………… 131
　　一、实训目的 …………………………………………………… 131
　　二、实训内容 …………………………………………………… 131
　　三、实训案例 …………………………………………………… 131
　　四、财务报告编制综合实训 …………………………………… 170
附录一 ……………………………………………………………… 182
附录二 ……………………………………………………………… 194
附录三 ……………………………………………………………… 196
附录四 ……………………………………………………………… 198
附录五 ……………………………………………………………… 211
附录六 ……………………………………………………………… 213
参考文献 …………………………………………………………… 223

第一章 总 论

一、财务会计报告

在企业日常的会计核算中,企业所发生的各项经济业务都已按照一定的会计程序,在有关的账簿中进行全面、连续、分类、汇总的记录和计算。企业在一定日期的财务状况和一定时期内的经营成果,在日常会计记录里已经得到反映。但是,这些日常核算资料数量太多,而且比较分散,不能集中、概括地反映企业的财务状况与经营成果。企业的投资者、债权人和财政、税务等部门以及其他与企业有利害关系的单位和个人,不能直接使用这些比较分散的会计记录,来分析评价企业的财务状况和经营成果,据以作出正确的决策。为此,就有必要定期地将日常会计核算资料加以分类调整、汇总,按照一定的形式编制财务报表,总括、综合地反映企业的经济活动过程和结果,为有关方面进行管理和决策提供所需的会计信息。

财务会计报告是指企业对外提供的反映企业某一特定日期的财务状况和某一会计期间的经营成果、现金流量等会计信息的文件。

(一) 财务会计报告的组成

财务会计报告(见图 1-1)包括会计报表及其附注和其他应当在财务会计报告中披露的相关信息和资料。会计报表,也称财务报表,是对企业财务状况、经营成果和现金流量的结构性表述。会计报表至少应当包括资产负债表、利润表、现金流量表等报表,小企业编制的会计报表可以不包括现金流量表。

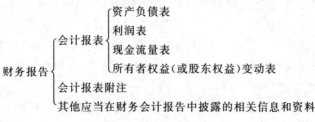

图 1-1 会计报告的组成

(二) 会计报表的编制要求

1. 编报及时

会计报表的信息具有极强的时效性,一旦过期,信息的价值就会丧失。因此,为使企业的投资者、债权人和政府管理部门充分利用会计报表资料,会计报表必须在会计期间结束后及时编制,并在规定期限内迅速上报。

我国会计报表的编制时间、报送时间是由国家发布的会计制度统一规定的。一般来说,资产负债表、利润表按月编制,现金流量表至少按年编制,各种附表遵循各自的编制要求。会计报表的报送方面,上市公司月度会计报表一般应在月份终了后 6 天内报出,季度会计报表一般应在季度终了后 15 天内报出,半年度会计报表应在半年终了后 60 天内报出,年度会计报表一般应在年度终了后 4 个月内报出。

2. 格式规范

企业对外报送的会计报表及其附表的格式由财政部统一规定,各单位在编制会计报表时应严格执行,任何人不能任意改变会计报表项目的内容,不能增加、合并或减少报表项目,不得随意变更会计报表的格式。单位对外报送的会计报表采用统一的格式,有利于不同单位会计指标的口径一致和相互可比,也有利于国家有关部门进行会计指标的汇总,同时还提供了衡量一个单位会计核算工作质量的标准之一。

企业向外报出的会计报表应依次编定页数,加具封面,装订成册,加盖公章。报表的封面上应注明:企业名称、地址、开业年份、报表所属年度、月份、送出日期等。财务会计报告应当由单位负责人和主管会计工作的负责人、会计机构负责人(会计主管)签名并盖章;设置总会计师的单位还须由总会计师签名并盖章。

3. 质量保证

会计报表应当根据登记完整、核对无误的会计账簿记录和其他有关资料编制,任何人不得篡改或者授意、指使、强令他人篡改会计报表数字,做到会计报表的数字真实、计算准确、内容完整。

(1) 会计报表的编制要以真实合法的会计资料为基础

会计报表反映的信息应当与单位的财务状况、经营成果、现金流量状况相一致,要求每一项会计记录都要有合法的会计凭证作为依据,一切会计资料必须真实地反映单位实际经济活动,会计的计量、记录和确认必须根据国家统一会计制度和相关法规的规定处理。

企业编制会计报表,必须以上述登记完整、核对无误的会计记录和其他有关资料为依据,会计报表所列数字应该客观地、有根据地确定,真实准确地反映企业经营活动信息。

(2) 会计报表的数字计算要准确

在会计账簿和其他有关资料真实可靠的前提下,严格按照会计制度规定编制会计报表,计算相关数据,做到表内各项目之间、会计报表与会计报表之间、本期报表与上期报表之间的有关数字相互衔接。禁止任何人用任何方式篡改会计报表数字,报送虚假的会计报表。

(3) 会计报表的内容填列要完整

会计报表的内容必须按照国家会计制度统一规定填列,满足各方面对财务信息的要求。会计报表一般由会计报表名称、表头项目、主体项目、补充资料及有关人员的签章组成。会计报表项目必须填写完整,按照规定的排列顺序填列,不得随意变动。

① 会计报表的表头部分包括编制企业的确切名称、会计报表的报告日期或报告时期、会计报表的编号、会计报表的计价单位等内容。

② 会计报表的主体部分主要列示会计报表的内容,包括项目名称、行次、上年会计报表的数字及本期需要报送的会计报表数据。

③ 会计报表的补充资料是按照会计制度的要求列示有关内容。

④ 会计报表的签章包括单位负责人、主管会计工作的负责人、会计机构负责人(会计主管)的签章。

总之,年度会计报表和中期会计报表都应遵循会计报表的一般编制要求,企业必须在规定的时间、按照规定的会计报表格式,对外报送内容完整、真实可靠的会计报表才能满足各方面对会计报表信息的要求。

二、财务会计报告编制实训的目的

财务报告编制实训是学生在教师的指导下,利用一定的实验用品和资料,按照会计核算的实际工作要求,对一定时期的经济业务进行会计核算,通过编制调整分录、工作底稿等一系列过程,使学生理解财务报告数据来源,掌握财务报告编制的方法。

财务报告编制实训课程是经管类一门专业实践性很强的课程,它是继财务会计课程之后开设的并与其配套衔接的实验课程。在学习基础会计后,通过开设基础会计实训课程,学生对业务发生后填制会计凭证、登记会计账簿、编制会计报表的实务操作流程已有一定感性认识,对于凭证填制、账簿登记的方法已基本掌握,而财务报告编制综合程度高,仍是学生的薄弱环节。因而进行财务报告编制实训,培养学生综合、系统地运用所学的会计方法和技术进行独立会计核算、编制财务报告的能力，为后续《财务分析》《财务管理》等专业课程学习和毕业后上岗工作奠定基础。

在开展财务报告编制实训的同时，应加强对学生的品德教育，培养学生良好的职业道德、职业判断能力，树立诚信思想和爱岗敬业精神，养成一丝不苟的工作作风。

三、财务报告编制实训的内容

根据财务报告编制的程序，并结合教学的实际需要，我们将财务报告编制实训分为单项实训和综合实训两部分。

（一）单项实训的内容

（1）财务报告编制的前期准备；
（2）资产负债表项目编制；
（3）利润表项目编制；
（4）现金流量表项目编制；
（5）所有者权益变动表。

（二）综合实训的内容

（1）针对企业发生的经济业务进行账务处理；
（2）结出资产、负债、所有者权益类账户期末余额，完成资产负债表；
（3）结出损益类账户的发生额合计，完成利润表；
（4）完成所有者权益变动表；
（5）编制调整分录，完成现金流量表工作底稿；
（6）根据现金流量表工作底稿，编制现金流量表。

四、财务报告编制实训的考评

为了使财务报告编制实训收到良好的教学效果，应重视对整个实训过程进行考核评估。因此，将实训考评分为实训过程考评和实训结果考评两个方面。实训过程考评占40%，实训结果考评占60%。

（一）实训过程考评

（1）及时性10分。根据教学进度进行检查，没有按进度完成的不得分。
（2）规范性10分。T型账户结出余额、工作底稿等必须符合规范性要求，如不符合要求每处扣2分。

(3) 实训态度 10 分。上课时必须认真听讲,积极讨论,主动提出问题,按时完成实训,不能抄袭他人作业。

(4) 实训纪律 10 分。遵守实训纪律,实训期间不得迟到早退、无故缺课。

(二) 实训结果考评

评分标准参考如下:

(1) 经济业务的账务处理,T 型账户的开设、余额的结出占 10 分;

(2) 资产负债表的完成占 10 分;

(3) 利润表、所有者权益变动表的完成占 10 分;

(4) 调整分录的编制占 10 分;

(5) 现金流量表工作底稿的开设和编制占 10 分;

(6) 现金流量表的完成占 10 分。

第二章 财务报告编制的前期准备

一、编制财务报告前的准备工作

根据《企业财务会计报告条例》的规定,企业编制财务报告,应当以真实的交易、事项以及完整、准确的账簿记录等资料为依据,并遵循国家统一的会计准则规定的编制基础、编制依据、编制原则和方法。企业在编制财务会计报告前,应当在年度中间根据具体情况,对各项财产物资和结算款项进行重点清查、轮流清查或定期清查。同时需要按期结账,不得为赶编报表而提前结账。在结账前,必须将本期发生的全部经济业务和转账业务都登记入账,在此基础上,结清各个科目的本期发生额和期末余额。具体来说,就是要做到按期结账,认真对账,进行财产清查,编制试算平衡表。

(一)按期结账

为了反映企业某一时点财务状况或某一会计期间经营成果,企业需要定期进行结账,编制财务报告。结账就是把一定时期内发生的经济业务在全部登记入账的基础上,将各种账簿记录结出"本期发生额"和"期末余额",然后编制会计报表。

企业需要按照收入的确认原则,检查是否有收入提前确认或延后确认的情况,重点检查预收账款销售方式、分期收款销售方式等特殊的销售行为,保证真实确认本期实现的收入。同时,企业应准确确认本会计期间应负担的成本费用,应摊销的长期待摊费用要及时摊销,应预提的借款利息应及时计入当期费用,保证本期的会计事项不延至以后各期。

(二)认真对账

为了保证编制财务报告的数据是真实可靠的,在编制财务报告前,需要对企业账簿和账户所记录的有关数据加以检查和核对,这种核对工作,在会计上称为对账。

(1)检查相关的会计核算是否按照国家统一的会计制度的规定进行处理;

(2)对于国家统一的会计制度没有规定统一核算方法的交易、事项,检查其是否按会计核算的一般原则进行确认和计量,以及相关账务处理是否合理;

(3) 检查是否存在因会计差错、会计政策变更等原因需调整前期损益或前期相关项目的情况；

(4) 核对各会计账簿记录与会计凭证的内容、金额是否一致，记账方向是否相等。

(三) 进行财产清查

《会计法》规定，各单位应定期将会计账簿记录与实物、款项以及有关资料相互核对，保证会计账簿记录与实物及款项的实存数相符。对于各种账簿记录，在编表前必须认真审查和核对，对有关财产物资进行盘点和清查，对应收应付款项核对，以达到账证相符、账账相符、账实相符、账款相符。

(1) 核对结算款项，包括应收款项、应付款项、应交税费等是否存在，与债务、债权单位的记录是否一致；

(2) 原材料、在产品、自制半成品、库存商品等各项存货的实存数量与账面数量是否一致；

(3) 各项投资是否存在，投资收益是否按国家统一会计制度的规定进行了确认和计量；

(4) 房屋、建筑物、机器设备、运输工具等固定资产的实存数量与账面数量是否一致；

(5) 在建工程的实际发生额与账面记录是否一致；

(6) 需清查、核实的其他内容。

企业对资产清查、核实后，应当将清查、核实的结果及处理方法向企业的董事会或相应机构报告，并根据国家统一的会计制度的规定进行相应的会计处理。例如，根据《企业会计制度》的规定，企业清查的各种财产的损益，应于期末前查明原因，并根据企业的管理权限，经股东大会或董事会，或经理（或厂长）会议或类似机构批准后，在期末结账前处理完毕。如果清查的各种财产损益在期末结账前尚未批准，在对外提供财务报告时应先按上述规定进行处理，并在会计报表附注中予以说明。

(四) 编制试算平衡表

在结账、对账和财产清查的基础上，通过编制总分类账户本期发生额试算平衡表以验算有无错漏，为正确编制财务报表提供可靠数据。

二、实训案例

(一) 实训资料

【案例 2-1】 北方公司为股份有限公司，是增值税一般纳税人，增值税税率为

16%,所得税税率为25%。20×7年和20×8年流通在外股份为100万股。该企业对原材料采用计划成本核算。其20×8年1月1日有关科目的余额情况如表2-1所示。根据下列有关资料为北方公司编制财务报告做好前期准备工作。

表2-1 科目余额表

20×8年1月1日　　　　　　　　　　　　　　　　　　　　单位:元

科目名称	借方余额	科目名称	贷方余额
库存现金	3 100	短期借款	500 000
银行存款	1 908 000	应付票据	250 000
其他货币资金	168 000	应付账款	760 000
交易性金融资产	26 800	其他应付款	65 000
应收票据	80 000	应付职工薪酬	51 000
应收账款	400 000	应交税费	40 800
坏账准备	−8 000	应付利息	12 000
预付账款	65 000	长期借款	1 800 000
其他应收款	4 500	其中:1年内到期的非流动负债	850 000
材料采购	120 000	递延所得税负债	8 000
原材料	91 200	股本	1 000 000
包装物	10 000	资本公积	3 428 800
低值易耗品	70 000	其他综合收益	4 500
库存商品	60 000	盈余公积	150 000
材料成本差异	3 500	利润分配(未分配利润)	90 000
存货跌价准备	−6 500		
其他权益工具投资	80 000		
长期股权投资	220 000		
长期股权投资减值准备	−4 500		
固定资产	3 099 000		
累计折旧	−600 000		
固定资产减值准备	−190 000		
在建工程	1 600 000		
无形资产	1 200 000		
累计摊销	−240 000		
合计	8 160 100	合计	8 160 100

该公司20×8年发生的经济业务如下:

1. 购入原材料一批,材料价款200 000元,增值税额32 000元,共计232 000元,原已预付材料款65 000元,余款167 000元用银行存款支付,材料未到。

2. 收到原材料一批,实际成本120 000元,计划成本115 000元,材料已验收入库,货款已于上月支付。

3. 购入不需安装的设备一台,价款90 000元,增值税14 400元,另包装费、运费 1 100 元。价款、增值税及包装费、运费共计 105 500 元均以银行存款支付。设备已交付使用。

4. 购入工程物资一批,价款 130 000 元,增值税 20 800 元,均已用银行存款支付。

5. 收到银行通知,用银行存款支付到期的商业承兑汇票 150 000 元,偿还应付账款 85 000 元。

6. 销售产品一批,销售价款 400 000 元,应收增值税 64 000 元,产品已发出,价款尚未收到。

7. 从银行借入 3 年期借款 500 000 元,借款已存入银行,该项借款用于购建固定资产。

8. 在建工程应付工资 410 000 元。

9. 一项工程完工,计算应负担的长期借款利息 160 000 元。该项借款本息未付。

10. 一项工程完工,交付生产使用,已办理竣工手续,固定资产价值 1 500 000 元。

11. 销售产品一批,价款 800 000 元,应收增值税 128 000 元,货款银行已收妥。

12. 公司出售一台不需用设备,收到总价款 464 000 元(其中增值税 64 000 元),设备原价 800 000 元,已提折旧 260 000 元,已提减值准备 100 000 元,设备已交付给购入单位。

13. 收到一项长期股权投资的现金股利 40 000 元,存入银行。该项投资按成本法核算,对方公司的所得税税率与本公司一致,均为 25%。

14. 归还短期借款本金 200 000 元,应付利息 10 000 元,共计 210 000 元。

15. 用银行汇票支付采购材料价款,公司收到开户银行转来银行汇票多余款收账通知,通知上所填多余款为 417 元,购入材料的价款及运费共 125 300 元,支付的增值税额为 20 283 元。

16. 上项购入材料已验收入库,该批材料的计划价格为 125 600 元。

17. 用银行存款支付职工工资 1 037 000 元,其中包括支付给在建工程人员的工资 410 000 元。

18. 分配应支付的职工工资 627 000 元(不包括在建工程应负担的工资 410 000 元),其中,生产工人工资 570 000 元,车间管理人员工资 11 400 元,行政管理部门人员工资 45 600 元。

19. 用银行存款支付研发部门的新技术开发支出 20 000 元,该项支出符合资本化的条件。

20. 用银行存款支付产品展览费 15 000 元,广告费 13 000 元。

21. 基本生产领用原材料,计划成本 300 000 元;领用低值易耗品,计划成本 60 000 元,采用一次摊销法摊销。

22. 结转领用原材料与低值易耗品的成本差异,材料成本差异率为 2%。

23. 公司采用商业承兑汇票结算方式销售产品一批,价款 300 000 元,增值税额 48 000 元,收到 348 000 元的商业承兑汇票一张。

24. 公司将上述商业承兑汇票向银行办理贴现,贴现息为 24 000 元,该票据的到期日为 20×8 年 4 月 20 日。同时将上年销售商品所收到的一张面值为 80 000 元、已到期的无息银行承兑汇票,连同解讫通知书和进账单交银行办理转账,收到银行盖章退回的进账单一联,款项银行已收妥。

25. 确认应计入本期损益的借款利息共 32 500 元,其中,短期借款利息 22 000 元,长期借款利息 10 500 元。

26. 计提固定资产折旧 120 000 元,其中,应计入制造费用 100 000 元,管理费用 20 000 元。

27. 摊销无形资产 80 000 元。

28. 用银行存款支付管理部门水电费 12 000 元、生产车间水电费 75 000 元。

29. 用银行存款支付本年度财产保险费 67 100 元。

30. 本期产品销售应缴纳的城市维护建设税 14 875 元,教育费附加 6 375 元。

31. 用银行存款缴纳增值税 120 000 元,城市维护建设税 14 875 元,教育费附加 6 375 元。

32. 年末交易性金融资产的公允价值为 28 800 元,应确认公允价值变动收益 2 000 元。

33. 年末其他权益工具投资的公允价值为 90 000 元,较年初增加 10 000 元,应确认其他综合收益 7 500 元,增加递延所得税负债 2 500 元(该项其他权益工具投资于上年购入,取得成本为 74 000 元,上年末公允价值为 80 000 元)。

34. 计算并结转制造费用及本期完工产品成本 1 123 600 元。没有期初在产品,本期生产的产品全部完工入库。

35. 结转本期产品销售成本 90 000 元。

36. 基本生产车间盘亏一台设备,原价 280 000 元,已提折旧 225 000 元,已提减值准备 25 000 元。

37. 偿还长期借款本金 850 000 元。

38. 收回应收账款 360 000 元,存入银行。

39. 应收某客户的账款 5 000 元,已确定不能收回。

40. 按应收账款余额的 2% 计提坏账准备。

41. 计提存货跌价准备 11 190 元。

42. 计提固定资产减值准备 20 000 元。

43. 第 36 笔的固定资产盘亏在年末结账前仍未批准处理,按规定将 30 000 元损失转为营业外支出(附注中说明)。

44. 结转各收入、费用科目,确定利润总额为 203 380 元。

45. 计算并结转应交所得税 49 700 元,所得税费用 59 600 元,增加递延所得税负债 9 900 元(均为假设数据)。

46. 用银行存款缴纳所得税 48 500 元。

47. 提取盈余公积 21 567 元;分配普通股现金股利 81 145 元。

48. 将利润分配各明细科目的余额转入"未分配利润"明细科目,结转本年利润。

49. 20×8 年末将于 1 年内到期的非流动负债为 400 000 元。

(二) 实训指导

根据北方公司 20×8 年发生的经济业务做好编制财务报告的前期准备工作,步骤为:①根据北方公司资料进行账务处理,按期结账。②根据北方公司账务处理登记 T 型账户,结出发生额和期末余额,认真对账,进行财产清查。③编制北方公司发生额及余额试算平衡表。

首先,根据北方公司资料进行账务处理。

1. 借:材料采购　　　　　　　　　　　　　　200 000
      应交税费——应交增值税(进项税额)　　 32 000
     贷:预付账款　　　　　　　　　　　　　 65 000
        银行存款　　　　　　　　　　　　　167 000

2. 借:原材料　　　　　　　　　　　　　　　115 000
      材料成本差异　　　　　　　　　　　　　5 000
     贷:材料采购　　　　　　　　　　　　　120 000

3. 借:固定资产　　　　　　　　　　　　　　 91 100
      应交税费——应交增值税(进项税额)　　 14 400
     贷:银行存款　　　　　　　　　　　　　105 500

4. 借:工程物资　　　　　　　　　　　　　　130 000
      应交税费——应交增值税(进项税额)　　 20 800
     贷:银行存款　　　　　　　　　　　　　150 800

5. 借:应付票据　　　　　　　　　　　　　　150 000
      应付账款　　　　　　　　　　　　　　 85 000
     贷:银行存款　　　　　　　　　　　　　235 000

6. 借:应收账款 　　　　　　　　　　　　　　　　　　464 000
　　贷:主营业务收入 　　　　　　　　　　　　　　　　400 000
　　　　应交税费——应交增值税(销项税额) 　　　　　64 000
7. 借:银行存款 　　　　　　　　　　　　　　　　　　500 000
　　贷:长期借款 　　　　　　　　　　　　　　　　　　500 000
8. 借:在建工程 　　　　　　　　　　　　　　　　　　410 000
　　贷:应付职工薪酬 　　　　　　　　　　　　　　　　410 000
9. 借:在建工程 　　　　　　　　　　　　　　　　　　160 000
　　贷:长期借款——应计利息 　　　　　　　　　　　　160 000
10. 借:固定资产 　　　　　　　　　　　　　　　　　1 500 000
　　　贷:在建工程 　　　　　　　　　　　　　　　　1 500 000
11. 借:银行存款 　　　　　　　　　　　　　　　　　　928 000
　　　贷:主营业务收入 　　　　　　　　　　　　　　　800 000
　　　　　应交税费——应交增值税(销项税额) 　　　　128 000
12. 借:固定资产清理 　　　　　　　　　　　　　　　　440 000
　　　累计折旧 　　　　　　　　　　　　　　　　　　260 000
　　　固定资产减值准备 　　　　　　　　　　　　　　100 000
　　　贷:固定资产 　　　　　　　　　　　　　　　　　800 000
　　借:银行存款 　　　　　　　　　　　　　　　　　　464 000
　　　贷:固定资产清理 　　　　　　　　　　　　　　　400 000
　　　　　应交税费——应交增值税(销项税额) 　　　　64 000
　　借:资产处置损益 　　　　　　　　　　　　　　　　40 000
　　　贷:固定资产清理 　　　　　　　　　　　　　　　40 000
13. 借:银行存款 　　　　　　　　　　　　　　　　　　40 000
　　　贷:投资收益 　　　　　　　　　　　　　　　　　40 000
14. 借:短期借款 　　　　　　　　　　　　　　　　　　200 000
　　　应付利息 　　　　　　　　　　　　　　　　　　10 000
　　　贷:银行存款 　　　　　　　　　　　　　　　　　210 000
15. 借:材料采购 　　　　　　　　　　　　　　　　　　125 300
　　　应交税费——应交增值税(进项税额) 　　　　　　20 283
　　　银行存款 　　　　　　　　　　　　　　　　　　417
　　　贷:其他货币资金——银行汇票 　　　　　　　　　146 000
16. 借:原材料 　　　　　　　　　　　　　　　　　　　125 600
　　　贷:材料采购 　　　　　　　　　　　　　　　　　125 300
　　　　　材料成本差异 　　　　　　　　　　　　　　300

17. 借:应付职工薪酬　　　　　　　　　　　　　1 037 000
　　　贷:银行存款　　　　　　　　　　　　　　　　1 037 000
18. 借:生产成本　　　　　　　　　　　　　　　570 000
　　　制造费用　　　　　　　　　　　　　　　　11 400
　　　管理费用　　　　　　　　　　　　　　　　45 600
　　　贷:应付职工薪酬　　　　　　　　　　　　　　627 000
19. 借:开发支出——资本化支出　　　　　　　　20 000
　　　贷:银行存款　　　　　　　　　　　　　　　　20 000
20. 借:销售费用　　　　　　　　　　　　　　　28 000
　　　贷:银行存款　　　　　　　　　　　　　　　　28 000
21. 借:生产成本　　　　　　　　　　　　　　　300 000
　　　贷:原材料　　　　　　　　　　　　　　　　　300 000
　　　借:制造费用　　　　　　　　　　　　　　　6 000
　　　贷:低值易耗品　　　　　　　　　　　　　　　6 000
22. 借:生产成本　　　　　　　　　　　　　　　6 000
　　　制造费用　　　　　　　　　　　　　　　　1 200
　　　贷:材料成本差异　　　　　　　　　　　　　　7 200
23. 借:应收票据　　　　　　　　　　　　　　　348 000
　　　贷:主营业务收入　　　　　　　　　　　　　　300 000
　　　　　应交税费——应交增值税(销项税额)　　　48 000
24. 借:银行存款　　　　　　　　　　　　　　　324 000
　　　财务费用　　　　　　　　　　　　　　　　24 000
　　　贷:应收票据　　　　　　　　　　　　　　　　348 000
　　　借:银行存款　　　　　　　　　　　　　　　80 000
　　　贷:应收票据　　　　　　　　　　　　　　　　80 000
25. 借:财务费用　　　　　　　　　　　　　　　32 500
　　　贷:应付利息　　　　　　　　　　　　　　　　22 000
　　　　　长期借款——应计利息　　　　　　　　　10 500
26. 借:制造费用　　　　　　　　　　　　　　　100 000
　　　管理费用　　　　　　　　　　　　　　　　20 000
　　　贷:累计折旧　　　　　　　　　　　　　　　　120 000
27. 借:管理费用　　　　　　　　　　　　　　　80 000
　　　贷:累计摊销　　　　　　　　　　　　　　　　80 000

28. 借:管理费用 12 000
     制造费用 75 000
     贷:银行存款 87 000
29. 借:管理费用 67 100
     贷:银行存款 67 100
30. 借:税金及附加 21 250
     贷:应交税费——应交城市维护建设税 14 875
           ——应交教育费附加 6 375
31. 借:应交税费——应交增值税(已交税金) 120 000
           ——应交城市维护建设税 14 875
           ——应交教育费附加 6 375
     贷:银行存款 141 250
32. 借:交易性金融资产——公允价值变动 2 000
     贷:公允价值变动损益 2 000
33. 借:其他权益工具投资——公允价值变动 10 000
     贷:其他综合收益 7 500
         递延所得税负债 2 500
34. 借:生产成本 247 600
     贷:制造费用 247 600
    借:库存商品 1 123 600
     贷:生产成本 1 123 600
35. 借:主营业务成本 900 000
     贷:库存商品 900 000
36. 借:待处理财产损益 30 000
     累计折旧 225 000
     固定资产减值准备 25 000
     贷:固定资产 280 000
37. 借:长期借款 850 000
     贷:银行存款 850 000
38. 借:银行存款 360 000
     贷:应收账款 360 000
39. 借:坏账准备 5 000
     贷:应收账款 5 000

40. 借：信用减值损失 6 980
    贷：坏账准备 6 980
41. 借：资产减值损失 11 190
    贷：存货跌价准备 11 190
42. 借：资产减值损失 20 000
    贷：固定资产减值准备 20 000
43. 借：营业外支出 30 000
    贷：待处理财产损益 30 000
44. 借：主营业务收入 1 500 000
      投资收益 40 000
      公允价值变动损益 2 000
    贷：本年利润 1 542 000
    借：本年利润 1 338 620
    贷：主营业务成本 900 000
      营业外支出 30 000
      资产处置损益 40 000
      税金及附加 21 250
      信用减值损失 6 980
      资产减值损失 31 190
      销售费用 28 000
      管理费用 224 700
      财务费用 56 500
45. 借：所得税费用 59 600
    贷：应交税费——应交所得税 49 700
      递延所得税负债 9 900
    借：本年利润 59 600
    贷：所得税费用 59 600
46. 借：应交税费——应交企业所得税 48 500
    贷：银行存款 48 500
47. 借：利润分配——提取盈余公积 21 567
           ——应付股利 81 145
    贷：盈余公积 21 567
      应付股利 81 145

48. 借:利润分配——未分配利润　　　　　　　　　102 712
　　　贷:利润分配——提取盈余公积　　　　　　　　21 567
　　　　　　——应付股利　　　　　　　　　　　　81 145
　　借:本年利润　　　　　　　　　　　　　　　　143 780
　　　贷:利润分配——未分配利润　　　　　　　　143 780

然后,根据北方公司账务处理登记 T 型账户,结出发生额和期末余额。

库存现金			
期初余额	3 100		
期末余额	3 100		

其他货币资金			
期初余额	168 000	(15)	146 000
期末余额	22 000		

交易性金融资产			
期初余额	26 800		
(32)	2 000		
期末余额	28 800		

银行存款			
期初余额	1 908 000		
(7)	500 000	(1)	167 000
(11)	928 000	(3)	105 500
(12)	464 000	(4)	150 800
(13)	40 000	(5)	235 000
(15)	417	(14)	210 000
(24)	324 000	(17)	1 037 000
(24)	80 000	(19)	20 000
(38)	360 000	(20)	28 000
		(28)	87 000
		(29)	67 100
		(31)	141 250
		(37)	850 000
		(46)	48 500
期末余额	1 457 267		

应收票据			
期初余额	80 000	(24)	348 000
(23)	348 000	(24)	80 000
期末余额	0		

应收账款			
期初余额	400 000	(38)	360 000
(6)	464 000	(39)	5 000
期末余额	499 000		

坏账准备			
(39)	5 000	期初余额	8 000
		(40)	6 980
		期末余额	9 980

第二章 财务报告编制的前期准备

预付账款			
期初余额	65 000	(1)	65 000
期末余额	0		

其他应收款			
期初余额	4 500		
期末余额	4 500		

材料采购			
期初余额	120 000		
(1)	200 000	(2)	120 000
(15)	125 300	(16)	125 300
期末余额	200 000		

原材料			
期初余额	91 200		
(2)	115 000	(21)	300 000
(16)	125 600		
期末余额	31 800		

低值易耗品			
期初余额	70 000		
		(21)	60 000
期末余额	10 000		

库存商品			
期初余额	60 000		
(34)	1 123 600	(35)	900 000
期末余额	283 600		

包装物			
期初余额	10 000		
期末余额	10 000		

材料成本差异			
期初余额	3 500	(16)	300
(2)	5 000	(22)	7 200
期末余额	1 000		

其他权益工具投资			
期初余额	80 000		
(33)	10 000		
期末余额	90 000		

存货跌价准备			
		期初余额	6 500
		(41)	11 190
		期末余额	17 690

长期股权投资			
期初余额	220 000		
期末余额	220 000		

长期股权投资减值准备			
		期初余额	4 500
		期末余额	4 500

财务报告编制实训

无形资产				累计摊销			
期初余额	1 200 000					期初余额	240 000
						(27)	80 000
期末余额	1 200 000					期末余额	320 000

固定资产				累计折旧			
期初余额	3 099 000			(12)	260 000	期初余额	600 000
(3)	91 100	(12)	800 000	(36)	225 000	(26)	120 000
(10)	1 500 000	(36)	280 000				
期末余额	3 610 100					期末余额	235 000

固定资产减值准备				在建工程			
		期初余额	190 000	期初余额	1 600 000		
(12)	100 000	(42)	20 000	(8)	410 000	(10)	1 500 000
(36)	25 000			(9)	160 000		
		期末余额	85 000	期末余额	670 000		

短期借款				应付票据			
(14)	200 000	期初余额	500 000	(5)	150 000	期初余额	250 000
		期末余额	300 000			期末余额	100 000

应付账款				其他应付款			
(5)	85 000	期初余额	760 000			期初余额	65 000
		期末余额	675 000			期末余额	65 000

应付职工薪酬				长期借款			
(17)	1 037 000	期初余额	51 000	(37)	850 000	期初余额	1 800 000
		(8)	410 000			(7)	500 000
		(18)	627 000			(9)	160 000
						(25)	10 500
		期末余额	51 000			期末余额	1 620 500

应付股利				股本			
(47)	81 145					期初余额	1 000 000
		期末余额	81 145			期末余额	1 000 000

应付利息				资本公积			
(14)	10 000	期初余额	12 000			期初余额	3 428 800
		(25)	22 000				
		期末余额	24 000			期末余额	3 428 800

应交税费				盈余公积			
(1)	32 000	期初余额	40 800			期初余额	150 000
(3)	14 400	(6)	64 000			(47)	21 567
(4)	20 800	(11)	128 000				
(15)	20 283	(12)	64 000			期末余额	171 567
(31)	141 250	(23)	48 000				
(46)	48 500	(30)	21 250	利润分配——未分配利润			
		(45)	49 700	(48)	102 712	期初余额	90 000
		期末余额	138 517			(48)	143 700
						期末余额	131 068

递延所得税负债				工程物资			
		期初余额	8 000	(4)	130 000		
		(33)	2 500				
		(45)	9 900	期末余额	130 000		
		期末余额	20 400				

主营业务收入				资产减值损失			
(44)	1 500 000	(6)	400 000	(41)	11 190	(44)	31 190
		(11)	800 000	(42)	20 000		
		(23)	300 000				

开发支出				投资收益			
(19)	20 000			(44)	40 000	(13)	40 000
期末余额	20 000						

固定资产清理				营业外支出			
(12)	440 000	(12)	400 000	(43)	30 000	(44)	30 000
		(12)	40 000				

制造费用				管理费用			
(18)	11 400	(34)	247 600	(18)	45 600	(44)	224 700
(21)	60 000			(26)	20 000		
(22)	1 200			(27)	80 000		
(26)	100 000			(28)	12 000		
(28)	75 000			(29)	67 100		

生产成本				本年利润			
(18)	570 000	(34)	1 123 600	(44)	1 338 620	(44)	1 542 000
(21)	300 000			(45)	59 600		
(22)	6 000			(48)	143 780		
(34)	247 600						

第二章 财务报告编制的前期准备

销售费用			
(20)	28 000	(44)	28 000

税金及附加			
(30)	21 250	(44)	21 250

财务费用			
(24)	24 000	(44)	56 500
(25)	32 500		

公允价值变动损益			
(44)	2 000	(32)	2 000

主营业务成本			
(35)	900 000	(44)	900 000

待处理财产损益			
(36)	30 000	(43)	30 000

所得税费用			
(45)	59 600	(45)	59 600

利润分配——提取盈余公积			
(47)	21 567	(48)	21 567

其他综合收益			
期初余额	4 500		
(33)	7 500		
期末余额	12 000		

资产处置损益			
(12)	40 000	(44)	40 000

利润分配—应付股利			
(47)	81 145	(48)	81 145

信用减值损失			
(40)	6 980	(40)	6 980

最后,编制北方公司发生额及余额试算平衡表,为编制财务报告做好前期准备。

表 2-2   20×8 年试算平衡表

账 户	期初余额		本期发生额		期末余额	
	借方	贷方	借方	贷方	借方	余额
库存现金	3 100				3 100	
银行存款	1 908 000		2 696 417	3 147 150	1 457 267	

(续表 2-2)

账　户	期初余额 借方	期初余额 贷方	本期发生额 借方	本期发生额 贷方	期末余额 借方	期末余额 余额
其他货币资金	168 000			146 000	22 000	
交易性金融资产	26 800		2 000		28 800	
应收票据	80 000		348 000	428 000	0	
应收账款	400 000		464 000	365 000	499 000	
其他应收款	4 500				4 500	
预付账款	65 000			65 000	0	
材料采购	120 000		325 300	245 300	200 000	
原材料	91 200		240 600	300 000	31 800	
包装物	10 000				10 000	
低值易耗品	70 000			60 000	10 000	
库存商品	60 000		1 123 600	900 000	283 600	
材料成本差异	3 500		5 000	7 500	1 000	
其他权益工具投资	80 000		10 000		90 000	
长期股权投资	220 000				220 000	
固定资产	3 099 000		1 591 100	1 080 000	3 610 100	
在建工程	1 600 000		570 000	1 500 000	670 000	
工程物资			130 000		130 000	
无形资产	1 200 000				1 200 000	
开发支出			20 000		20 000	
坏账准备		8 000	5 000	6 980		9 980
存货跌价准备		6 500		11 190		17 690
长期股权投资减值准备		4 500				4 500
固定资产减值准备		190 000	125 000	20 000		85 000
累计摊销		240 000		80 000		320 000
短期借款		500 000	200 000			300 000
应付账款		760 000	85 000			675 000

(续表 2-2)

账　户	期初余额		本期发生额		期末余额	
	借方	贷方	借方	贷方	借方	余额
应付票据		250 000	150 000			100 000
应交税费		40 800	277 233	374 950		138 517
应付利息		12 000	10 000	22 000		24 000
其他应付款		65 000				65 000
长期借款		1 800 000	850 000	670 500		1 620 500
递延所得税负债		8 000		12 400		20 400
股本		1 000 000				1 000 000
盈余公积		150 000		21 567		171 567
未分配利润		90 000	102 712	143 780		131 068
本年利润			1 542 000	1 542 000		0
累计折旧		600 000	485 000	120 000		235 000
资本公积		3 428 800				3 428 800
其他综合收益		4 500		7 500		12 000
应付职工薪酬		51 000	1 037 000	1 037 000		51 000
应付股利				81 145		81 145
管理费用			224 700	224 700	0	
制造费用			247 600	247 600	0	
财务费用			56 500	56 500	0	
销售费用			28 000	28 000	0	
生产成本			1 123 600	1 123 600	0	
税金及附加			21 250	21 250		
固定资产清理			440 000	440 000	0	
投资收益			40 000	40 000		0
所得税费用			59 600	59 600	0	
公允价值变动损益			2 000	2 000		
待处理财产损益			30 000	30 000	0	

（续表 2-2）

账 户	期初余额		本期发生额		期末余额	
	借方	贷方	借方	贷方	借方	余额
主营业务收入			1 500 000	1 500 000		0
主营业务成本			900 000	900 000	0	
营业外支出			30 000	30 000	0	
资产处置损益			40 000	40 000	0	
信用减值损失			6 980	6 980		
资产减值损失			31 190	31 190	0	
合　计	9 209 100	9 209 100	17 176 382	17 176 382	8 491 167	8 491 167

三、财务报告编制的前期准备实训

【练习 2-1】 根据下列有关资料为华诚制衣有限公司编制财务报告做好前期准备工作。

（一）实训主体华诚制衣有限公司情况简介

华诚制衣有限公司是经工商行政管理部门批准注册成立的有限责任公司，注册资本 100 万元。其位于滨海市开发区秀水道 18 号，主要经营项目为加工编织各种毛衣。

1. 产品生产工艺流程

企业产品生产工艺流程步骤如图 2-1 所示。

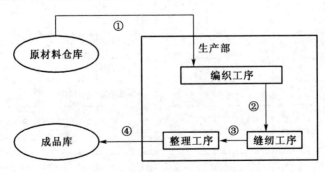

图 2-1　产品生产工艺流程图

(1) 由企业管理部门根据市场需要制定生产计划,领用原材料,然后进入编制工序;

(2) 将编织的毛衣转交给缝纫工序进行缝合;

(3) 将毛衣送交整理工序烫熨定型、整理包装;

(4) 产成品经检验合格后送交成品库等待销售。

2. 企业财务制度有关规定和说明

(1) 流动资产部分(库存现金限额 2 000 元)

材料核算采用实际成本法,发出材料的实际成本于月终根据"领料单"编制"原材料消耗汇总表"一次结转。

库存商品收发核算按实际成本法计价,本月入库库存商品的实际成本于月终根据"产品成本汇总表"一次结转,本月发出产品的实际成本按全月一次加权平均法计算,本月发出产品的实际总成本于月终根据"产品销售成本计算表"一次结转。

(2) 固定资产部分

固定资产折旧的核算采用平均年限法,月折旧率2.5‰。

(3) 成本核算部分

采用品种法进行一级成本核算。

各种费用的分配率精确到 0.000 1,尾差由最后一项负担。

生产成本设三个成本项目,即直接材料、直接人工、制造费用。

月末在产品成本采用按所耗原材料及主要材料费用计算法,即月末在产品只负担原材料及主要材料费用,辅助材料、包装材料、直接人工和制造费用全部由完工产品成本负担的方法。计算方法如下:

$$原材料及主要材料费用分配率 = \frac{原材料及主要材料费用总额}{完工产品数量 + 在产品数量}$$

月末在产品成本 = 在产品数量 × 原材料及主要材料费用分配率

完工产品成本 = 完工产品数量 × 原材料及主要材料费用分配率 + 其他费用
　　　　　　 = 生产费用合计 − 在产品成本

(4) 税(费)部分

增值税:企业为一般纳税人,企业增值税税率为16%。

城市维护建设税:计税金额为本期实际缴纳增值税;税率为7%。

教育费附加:计费金额为本期实际缴纳增值税税额;税率为3%。

所得税:计税金额为本期应纳税所得额;税率为25%。

(5) 提取盈余公积金比例

法定盈余公积10%,任意盈余公积5%。

应付投资者利润:按税后利润的80%计算,分配依据为各方投资者的出资比例。

(6) 其他情况

法人代表:方正

财务部人员:

  财务主管:刘军

  会 计:丁兰

  出 纳:华宁

开户银行:中国工商银行滨海市开发区支行

账号:22446688

纳税登记号:120189234567

记账方法:借贷记账法

账务处理程序:科目汇总表账务处理程序

保管员:关健

(二) 华诚制衣有限公司期初资料

1. 华诚制衣有限公司20×8年12月份总分类建账资料如表2-3所示。

表2-3 华诚制衣有限公司总账账户表

序号	账户名称	序号	账户名称	序号	账户名称
1	库存现金	13	短期借款	25	主营业务收入
2	银行存款	14	应付账款	26	其他业务收入
3	应收票据	15	应付职工薪酬	27	营业外收入
4	应收账款	16	应交税费	28	主营业务成本
5	其他应收款	17	应付利息	29	其他业务成本
6	预付账款	18	应付利润	30	税金及附加
7	在途物资	19	实收资本	31	销售费用
8	原材料	20	盈余公积	32	管理费用
9	库存商品	21	利润分配	33	财务费用
10	在建工程	22	本年利润	34	营业外支出
11	固定资产	23	生产成本	35	所得税费用
12	累计折旧	24	制造费用	36	以前年度损益调整

2. 华诚制衣有限公司20×8年12月份总分类账户期初余额如表2-4所示。

表2-4 20×8年12月份总分类账户期初余额表

账户名称	借方余额	账户名称	贷方余额
库存现金	820.40	短期借款	200 000.00
银行存款	246 656.00	应付账款	23 400.00
应收票据	24 000.00	应交税费	6 160.00
应收账款	32 000.00	应付利息	1 200.00
其他应收款	1 500.00	实收资本	1 000 000.00
预付账款	3 800.00	盈余公积	20 020.00
原材料	146 000.00	未分配利润	6 180.00
库存商品	16 383.60	本年利润	145 000.00
固定资产	950 000.00	累计折旧	19 200.00
合　　计	1 421 160.00	合　　计	1 421 160.00

3. 华诚制衣有限公司20×8年12月份有关明细分类账户期初余额如下：
(1) 库存现金日记账820.40元
(2) 银行存款日记账246 656.00元
(3) 应收票据24 000元(其中,华美公司24 000元)
(4) 应收账款明细账余额32 000元(其中,大明公司32 000元)
(5) 其他应收款——刘明1 500元
(6) 预付账款明细账余额3 800元(其中,专设销售机构房屋租赁费3 800元)
(7) 原材料明细账户余额146 000.00元
纯毛毛线   350千克   单价   280元   金额   98 000元
混纺毛线   200千克   单价   200元   金额   40 000元
纯棉纱线   100千克   单价   80元   金额   8 000元
(8) 库存商品明细账户余额16 383.60元
纯毛毛衣   50件   单价   220.08元   金额   11 004.00元
混纺毛衣   30件   单价   179.32元   金额   5 379.60元
(9) 固定资产及累计折旧明细账户余额如表2-5

表 2-5 固定资产及累计折旧明细账户余额表

固定资产类别		固定资产原值	累计折旧	净值
生产用	房屋及建筑物	250 000	5 000	245 000
	编织机	415 000	8 300	406 700
	小计	665 000	13 300	651 700
非生产用	房屋及建筑物	110 000	2 200	107 800
	办公设备	25 000	700	24 300
	汽车	100 000	2 000	98 000
	供暖设备	50 000	1 000	49 000
	小计	285 000	5 900	279 100
合计		950 000	19 200	930 800

(10) 短期借款——中国银行滨海支行 200 000 元

(11) 应付账款——新华纺织有限公司 23 400 元

(12) 应交税费账户余额 6 160 元

其中：应交增值税 5 600 元

应交城建税 392 元

应交教育费附加 168 元

(13) 应付利息——银行借款利息 1 200 元

(14) 实收资本明细账户余额 1 000 000 元

其中：立新公司 500 000 元

天丰公司 5 000 000 元

(15) 盈余公积 20 020 元

(16) 本年利润明细账户余额 145 000 元

(17) 未分配利润 6 180 元

(三) 华诚制衣有限公司 20×8 年 12 月份发生的经济业务

1. 12 月 1 日，开出转账支票一张，偿还前欠新华纺织有限公司货款 23 400 元。

2. 12 月 2 日，收到大明公司转账支票一张，金额为 32 000 元，偿还前欠货款（大明公司开户银行：交通银行；账号：12345678）。

3. 12 月 3 日，向新华纺织有限公司购入混纺毛线一批 200 千克，单价 200 元，货款 40 000 元，增值税率 16%，税款 6 400 元。开出转账支票一张支付货款及税款，材料尚未运到。

4. 12月4日,开出金额为1 000元的现金支票一张,从银行提取现金备用。

5. 12月5日,向新华纺织有限公司购入混纺毛线运到,验收入库。

6. 12月5日,用现金支付印花税200元。

7. 12月6日,采购员高山暂借差旅费1 000元,用现金支付。

8. 12月7日,用银行存款支付上月未交增值税5 600元,应缴城市维护建设税392元,应缴教育费附加168元。

9. 12月8日,向新华纺织有限公司购入纯毛毛线300千克,单价280元,货款84 000元,增值税率16%,税款13 440元。货款未付,纯毛毛线已运到,并验收入库。

10. 12月8日,用现金支付行政管理部门办公用品费160元,领款人及经办人李刚。

11. 12月9日,向大明公司销售混纺毛衣150件,单价300元,货款45 000元;纯毛毛衣100件,单价380元,货款38 000元,增值税率16%,税款13 280元。货款及税款尚未收到(大明公司税务登记证号:120160654312;地址:滨海市1号路16号;电话:321456)。

12. 12月10日,从银行提取现金53 280元,备发工资。

13. 12月10日,以现金支付工资。

14. 12月11日,收到银行的进账通知,由华美公司开出并承兑的应收票据到期,款项24 000元已经划入银行存款账户(华美公司开户银行:工商银行滨海支行,账号:87564321)。

15. 12月12日,行政部刘明报销差旅费1 437.50元,余款退回(原借款1 500元)。

16. 12月13日,通过中国红十字会向希望工程捐款10 000元,用银行存款支付。

17. 12月14日,用银行存款偿还前欠新华纺织有限公司货款49 780元。

18. 12月15日,收到红光运输公司金额为1 825.50元的转账支票一张,系该公司支付的违约罚款(红光运输公司开户银行:招商银行;账号:10938221;行号:821)。

19. 12月16日,向华美公司销售纯毛毛衣200件,单价380元,金额76 000元;混纺毛衣200件,单价300元,金额60 000元,增值税率16%,税款21 760元。货款尚未收到(华美公司税务登记证号:120166765489;地址:滨海市建设路8号;电话:8321265)。

20. 12月17日,开出金额为1 000元的现金支票一张,从银行提取现金备用。

21. 12月18日,支付车间办公用品费400元,用现金支付(领款人即经办人齐铭)。

22. 12月19日,收到大明公司前欠货款96 280元,存入银行。

23. 12月20日,购入需要安装的机器设备一台,单价50 000元,增值税率16%,进项税额8 000元,运输费500元,银行存款支付电汇手续费50元。

24. 12月21日,车间技术员齐铭外出开会报销差旅费267.50元,用现金支付。

25. 12月22日,开出转账支票一张,支付博远广告公司广告宣传费4 500元。

26. 12月23日,用银行存款支付滨海市机械修理厂上述机器设备安装费1 000元。

27. 12月24日,设备安装完毕已交付生产车间使用。

28. 12月25日,预付滨海市房地产开发公司下一年度1~6月的专设销售机构房屋租赁费22 800元,用银行存款支付。

29. 12月26日,向泰隆针织公司销售纯毛毛线40千克,单位售价300元,销项税率16%,税额1 920元,款项收到存入银行(泰隆针织公司地址:南丰路1号;电话:27658311;纳税人识别号:12000644214;开户银行:工行南丰分行;账号:87654321)。

30. 12月27日,收到华美公司开出的10万元的转账支票一张,偿还前欠货款。

31. 12月27日,向大明公司销售混纺毛衣100件,单价300元,货款30 000元;纯毛毛衣100件,单价380元,货款38 000元,增值税率16%,税款10 880元。货款及税款尚未收到。

32. 12月28日,用银行存款支付自来水公司水费360.40元,其中生产车间应负担水费280元,行政管理部门应负担水费60元,增值税额20.40元。

33. 12月28日,用银行存款支付电费1 614.60元,其中生产车间应负担电费1 120元,行政管理部门应负担电费260元,增值税额234.60元。

34. 12月29日,开出金额为1 000元的现金支票一张,从银行提取现金备用。

35. 12月30日,用银行存款支付电话费1 860元,其中生产车间应负担320元,行政管理部门应负担1 540元。

36. 12月31日,用银行存款支付本季度贷款利息1 800元(已预提1 200元)。

37. 生产车间本月共领用两批材料,具体如下:

12月1日领用原材料58 000元用于生产,其中:领用混纺毛线数量150千克,单价200元,金额30 000元,用于制造混纺毛衣;领用纯毛毛线数量100千克,单价280元,金额28 000元,用于制造纯毛毛衣。

12月12日,生产车间领用材料96 000元用于生产,其中:领用混纺毛线数量

180千克,单价200元,金额36 000元,用于混纺毛衣制造;领用纯毛毛线数量190千克,单价280元,金额53 200元,用于制造纯毛毛衣;领用纯棉纱线85千克,单价80元,金额6 800元,用于纯毛毛衣和混纺毛衣两种产品的生产。

38. 12月31日,摊销应由本月负担的房屋租赁费3 800元。

39. 12月31日,按2.5‰的折旧率计提本月固定资产折旧费2 375元,其中生产车间应计提折旧费1 662.5元,行政管理部门应提折旧费712.5元。

40. 12月31日,分配结转本月工资53 280元,其中:生产混纺毛衣工人工资16 900元,生产纯毛毛衣工人工资20 600元,车间管理人员工资4 150元,厂部行政管理人员工资11 630元。

41. 12月31日,结转本月制造费用(按生产工人工资比例分配)。

42. 12月31日,本月共投产混纺毛衣500件、纯毛毛衣500件,两种产品全部完工,结转完工产品的生产成本。

43. 12月31日,计算本月应缴城市维护建设税,应缴教育费附加。

44. 12月31日,计算并结转本月未交增值税。

45. 12月31日,结转已售产品、已售材料的销售成本(混纺毛衣450件,单位成本179.32元;纯毛毛衣400件,单位成本220.08元)。

46. 12月31日,结转本月主营业务收入、其他业务收入和营业外收入至"本年利润"账户。

47. 12月31日,结转主营业务成本、税金及附加、其他业务成本和销售费用、管理费用、财务费用至"本年利润"账户。

48. 12月31日,计算本月实现的利润总额,按利润总额的25%计算并结转应交所得税。

49. 12月31日,结转本年度实现的净利润至"利润分配"账户("本年利润"期初余额为145 000元)。

50. 12月31日,按本年度净利润10%的比例提取法定盈余公积,按本年度净利润5%的比例提取任意盈余公积。

12月31日,按本年度净利润80%的比例向投资者分配净利润。

第三章　资产负债表项目编制单项实训

一、实训目的

资产负债表是总括反映企业在一定日期的全部资产、负债和所有者权益的报表,它是根据"资产＝负债＋所有者权益"这一会计基本等式而编制的。由于该表反映了一个企业在特定日期的财务状况,因此又可称为财务状况表。企业须按月、按季、按年编制资产负债表,及时为有关部门和有关人员提供企业会计信息,作为企业投资人、债权人、国家管理部门和各级管理人员投资、信贷及经营决策的依据。资产负债表主要包括以下内容:

(1) 企业拥有的各种经济资源(资产);

(2) 企业所负担的债务(负债),以及企业的偿债能力(包括短期与长期的偿债能力);

(3) 企业所有者在企业里所持有的权益(所有者权益);

(4) 企业未来财务状况的变动趋势。

资产负债表项目编制单项实训的目的是使学生在具备经济业务账务处理基本技能的基础上,锻炼学生的报表编制能力。要求学生掌握资产负债表项目的填列方法、数据来源,理解报表项目之间的钩稽关系。

二、实训内容

资产负债表的内容主要包括资产、负债、所有者权益三方面内容。

在新会计准则规定下,资产一般按照流动资产、非流动资产分类并进一步分项列示。流动资产项目通常包括:货币资金、交易性金融资产、应收票据、应收账款、预付账款、应收利息、其他应收款、存货和一年内到期的非流动资产等。非流动资产项目通常包括:长期股权投资、固定资产、在建工程、工程物资、固定资产清理、无形资产、开发支出、长期待摊费用及其他非流动资产等。

负债分为流动负债和非流动负债。流动负债包括短期借款、应付票据、应付账款、预收账款、应付职工薪酬、应交税费、应付利息、应付股利、其他应付款、一年内到期的非流动负债等。非流动负债项目包括长期借款、应付债券、其他非流动负债等。

所有者权益一般按照实收资本、资本公积、其他综合收益、盈余公积和未分配利润等分项列示。

资产负债表的格式一般有两种：一种是账户式，其结构分为左、右两方，左边列示资产项目，右边列示负债及所有者权益项目，根据会计平衡等式，左、右两边的总额总是相等的；另一种格式是报告式，其结构分为上、下两方，上方列示资产项目，下方列示负债及所有者权益项目，上、下两方的合计数相等。我国会计制度规定，企业一律采用账户式格式（空白资产负债表格式见表3-1）。

资产负债表项目编制单项实训的内容包括根据总分类账户及有关明细分类账户余额填列资产负债表的资产项目、负债项目、所有者权益项目的年初数和期末数金额。

表 3-1 资产负债表

编制单位：　　　　　　　　　　___年___月___日

会企01表

单位：元

资　　产	期末余额	年初余额	负债和所有者权益（或股东权益）	期末余额	年初余额
流动资产：			流动负债：		
货币资金			短期借款		
交易性金融资产			交易性金融负债		
衍生金融资产			衍生金融负债		
应收票据及应收账款			应付票据及应付账款		
预付款项			预收款项		
其他应收款			合同负债		
存货			应付职工薪酬		
合同资产			应交税费		
持有待售资产			其他应付款		
一年内到期的非流动资产			持有待售负债		
其他流动资产			一年内到期的非流动负债		
流动资产合计			其他流动负债		
非流动资产：			流动负债合计		

(续表 3-1)

资产	期末余额	年初余额	负债和所有者权益（或股东权益）	期末余额	年初余额
债权投资			非流动负债：		
其他债权投资			长期借款		
长期应收款			应付债券		
长期股权投资			长期应付款		
其他权益工具投资			预计负债		
其他非流动金融资产			递延收益		
投资性房地产			递延所得税负债		
固定资产			其他非流动负债		
在建工程			非流动负债合计		
生产性生物资产			负债合计		
油气资产			所有者权益（或股东权益）：		
无形资产			实收资本（或股本）		
开发支出			其他权益工具		
商誉			资本公积		
长期待摊费用			减：库存股		
递延所得税资产			其他综合收益		
其他非流动资产			盈余公积		
非流动资产合计			未分配利润		
			所有者权益（或股东权益）合计		
资产总计			负债和所有者权益（或股东权益）合计		

三、实训指导

（一）资产负债表的编制方法

资产负债表的各项目均需填列"年初数"和"期末数"两栏。其中"年初数"栏内各项数字,应根据上年末资产负债表"期末数"栏内所列数字填入本期资产负债表"年初数"栏内。如果本年度资产负债表规定的项目名称和内容与上年度不相一致,应对上年度资产负债表的项目名称和内容做相应调整,将调整后的年末数填入本期资产负债表的"年初数"栏内。

资产负债表"期末数"栏目数字根据本期期末相应账户填列或分析填列,填列方法可以归纳为以下几种情况:

(1) 直接根据总账账户期末余额填列。如交易性金融资产、递延所得税资产、其他非流动资产、短期借款、应付票据、应付职工薪酬、应交税费(如为借方余额,以"一"号填列)、应付股利、其他应付款、长期借款、应付债券、预计负债、递延所得税负债、实收资本、其他综合收益、盈余公积等项目,均根据总账账户期末余额直接填列。

(2) 根据若干个总账账户期末余额计算填列。如货币资金项目,应根据"库存现金""银行存款""其他货币资金"账户的期末余额合计数计算填列;存货项目,应根据"原材料""材料采购""库存商品""委托加工物资""材料成本差异""生产成本"等账户的借贷方余额差额计算填列;未分配利润项目,应根据"本年利润"与"利润分配"账户余额计算填列。根据会计谨慎性原则要求,企业应对已减值的资产或收不回的资产计提减值准备、跌价准备或坏账准备,如对长期股权投资、固定资产、无形资产等计提减值准备,对存货计提跌价准备,对应收账款计提坏账准备。在计提相应准备的情况下,上述资产负债表项目的金额应为资产类账户余额扣除各自减值准备、跌价准备、坏账准备后的余额。

(3) 根据若干个明细分类账账户余额计算填列。如"应付票据及应付账款"项目,需要根据"应付票据"账户的期末余额,以及"应付账款"和"预付账款"两个账户所属的相关明细账户的期末贷方余额计算填列;"应收票据及应收账款"项目,需要根据"应收票据"和"应收账款"账户的期末余额,减去"坏账准备"账户中相关坏账准备期末余额后的金额填列;"预付款项"项目,需要根据"应付账款"总分类账户所属明细分类账户的借方余额和"预付账款"总分类账户所属明细分类账户的借方余额之和减去与"预付账款"有关的坏账准备贷方余额计算填列;"预收款项"项目,需要根据"应收账款"总分类账户所属明细分类账户的贷方余额与"预收账款"总分类账户所属明细分类账户的贷方余额之和计算填列;"开发支出"项目,需要根据"研发支出"账户中所属的"资本化支出"明细账户期末余额计算填列。

(4) 根据总账账户或明细分类账账户余额分析填列。如一年内到期的非流动资产项目,应根据"债权投资""长期应收款"账户所属明细分类账账户余额中将于一年内到期的数额之和计算填列;债权投资、长期应收款项目,应根据"长期债权投资""长期应收款"总账账户余额扣除一年内到期部分的差额填列;一年内到期的非流动负债项目,应根据"长期借款""应付债券""长期应付款"等总账所属明细分类账账户余额中将于一年内到期偿还的数额之和计算填列;长期借款、应付债券、长期应付款等项目,应分别根据"长期借款""应付债券""长期应付款"等总账账户余额扣除将于一年内到期部分的差额填列。

(二)资产负债表项目编制说明

1. 资产项目编制说明

(1)货币资金

货币资金项目反映企业期末持有的库存现金、银行存款以及外埠存款、银行汇票、银行本票、在途资金等其他货币资金的总额。资产负债表货币资金项目期末数,应根据"库存现金""银行存款""其他货币资金"总账账户的期末借方余额合计数填列。

货币资金项目的期末数="库存现金"总账账户的期末借方余额+"银行存款"总账账户的期末借方余额+"其他货币资金"总账账户的期末借方余额

【例3-1】 北方公司20×8年12月31日"库存现金"总账户期末余额为借方3 100元,"银行存款"总账户期末余额为借方1 217 067元,"其他货币资金"总账户期末余额为借方22 000元,则资产负债表中货币资金项目填列数为:

货币资金项目期末数=3 100+1 217 067+22 000=1 242 167(元)

(2)交易性金融资产

交易性金融资产项目反映企业资产负债表日分类为以公允价值计量且其变动计入当期损益的金融资产,以及企业持有的直接指定为以公允价值计量且其变动计入当期损益的金融资产的期末账面价值。该项目应根据"交易性金融资产"账户的相关明细账户期末余额分析填列。自资产负债表日起超过一年到期且预期持有超过一年的以公允价值计量且其变动计入当期损益的非流动金融资产的期末账面价值,在"其他非流动金融资产"项目反映。

交易性金融资产项目的期末数="交易性金融资产"总账账户的期末借方余额

【例3-2】 某企业20×8年12月31日"交易性金融资产——成本"明细分类账户期末余额为借方26 800元,"交易性金融资产——公允价值变动"明细分类账户期末余额为贷方2 000元。

期末"交易性金融资产"总账账户余额为所属明细分类账户余额之和,由于"交易性金融资产——成本"明细分类账账户余额与"交易性金融资产——公允价值变动"明细分类账账户余额为一借一贷,相互抵减,"交易性金融资产"总账账户余额为借方24 800元。则资产负债表中交易性金融资产项目填列数为:

交易性金融资产项目期末数=26 800-2 000=24 800(元)

(3) 应收票据及应收账款

应收票据及应收账款项目,反映资产负债表日以摊余成本计量的,企业因销售商品、提供服务等经营活动应收取的款项,以及收到的商业汇票,包括银行承兑汇票和商业承兑汇票。该项目应根据"应收票据"和"应收账款"账户的期末余额,减去"坏账准备"账户中相关坏账准备期末余额后的金额填列。

【例3-3】 某企业20×8年12月31日"应收票据"和"应收账款"账户的余额为1 300万元;"坏账准备"账户中有关应收票据及应收账款计提的坏账准备余额为45万元,则20×8年12月31日,该企业资产负债表中"应收票据及应收账款"项目期末数为:

应收票据及应收账款项目期末数＝1 300－45＝1 255(万元)

(4) 预付款项

预付账款项目反映的是企业按合同规定预付给供应单位的款项,是企业的一项资产。当"预付账款"的某个明细分类账户出现贷方余额时,实际反映的不再是企业预付的款项,而是企业应该补付的款项,虽然其总分类账户仍是预付账款,但其性质已是企业的一项待偿还的债务。为正确反映企业的资产负债情况,在编制资产负债表时应将该明细账户的余额列入企业的负债项目,即列入应付账款项目;同样道理,当"应付账款"某个明细分类账账户出现借方余额时,其反映的不再是应付的款项,而是预付的款项,应视为企业的一项资产,列入资产负债表中预付账款项目。因而,资产负债表预付账款项目期末数,要根据"预付账款"和"应付账款"明细分类账账户期末借方余额分析填列。

预付账款项目期末数＝"预付账款"明细分类账账户期末借方余额＋"应付账款"明细分类账账户期末借方余额

【例3-4】 某企业20×8年12月31日"预付账款"有两个明细分类账户:"预付账款——丙企业",其期末余额在借方,为80 000元;"预付账款——丁企业",其期末余额在贷方,为4 000元。企业"应付账款"有两个明细分类账户:"应付账款——甲企业",其期末余额在贷方,为50 000元;"应付账款——乙企业",其期末余额在借方,为6 000元。则资产负债表中预付账款项目期末数为:

预付账款项目期末数＝80 000＋6 000＝86 000(元)

(5) 其他应收款

其他应收款项目反映企业除应收票据及应收账款、预付账款等经营活动以外的其他各种应收、暂付的款项。本项目应根据"应收利息""应收股利""其他应收款"账户的期末余额合计数,减去"坏账准备"账户中相关坏账准备期末余额后的金额填列。

(6) 存货

存货项目反映企业期末在库、在途和加工中的原材料、产成品、低值易耗品、包装物、在途材料、发出商品、在产品、委托加工物资等存货的实际成本。资产负债表中存货项目期末数应根据"原材料""库存商品""低值易耗品""包装物""材料采购""委托加工物资""材料成本差异""生产成本""自制半成品""分期收款发出商品""存货跌价准备"等总账账户期末余额分析填列。

存货项目期末数＝"原材料"总账账户期末借方余额＋"库存商品"总账账户期末借方余额＋"低值易耗品"总账账户期末借方余额＋"包装物"总账账户期末余额＋"材料采购"总账账户期末借方余额＋"委托加工物资"总账账户期末借方余额＋"生产成本"总账账户期末借方余额＋"自制半成品"总账账户期末借方余额＋"分期收款发出商品"总账账户期末借方余额＋"材料成本差异"总账账户期末借方余额－"材料成本差异"总账账户期末贷方余额－"存货跌价准备"总账账户期末贷方余额

【例 3-5】 某企业 20×8 年 12 月 31 日"原材料"总账期末余额为借方 80 000 元;"库存商品"总账期末余额为借方 300 000 元;"生产成本"总账期末余额为借方 200 000 元;"包装物"总账期末余额为借方 100 000 元;"低值易耗品"总账期末余额为借方 100 000 元;"自制半成品"总账期末余额为借方 20 000 元;"材料成本差异"总账期末余额为贷方 10 000 元;"存货跌价准备"总账期末余额为贷方 4 000 元。则资产负债表中存货项目期末数为:

存货项目期末数＝80 000＋300 000＋200 000＋100 000＋100 000＋20 000－10 000－4 000＝786 000(元)

(7) 合同资产

合同资产项目,反映企业按照《企业会计准则第 14 号——收入》(2017 年修订)的相关规定,根据本企业履行履约义务与客户付款之间的关系在资产负债表中列示合同资产。"合同资产"项目应根据"合同资产"账户的相关明细账户期末余额分析填列。

(8) 持有待售资产

持有待售资产项目,反映资产负债表日划分为持有待售类别的非流动资产及划分为持有待售类别处置组中的流动资产和非流动资产的期末账面价值。该项目应根据"持有待售资产"账户的期末余额,减去"持有待售资产减值准备"账户的期末余额后的金额填列。

【例 3-6】 甲公司计划出售一项固定资产,该固定资产于 20×8 年 6 月 30 日被划分为持有待售固定资产,其账面价值为 315 万元,从划归为持有待售的下个月起停止计提折旧,不考虑其他因素,则 20×8 年 6 月 30 日,甲公司资产负债表中

"持有待售资产"项目"期末余额"的列报金额为 315 万元。

(9) 一年内到期的非流动资产

一年内到期的非流动资产项目,反映企业持有的非流动资产中将于一年内收回的资产金额。资产负债表中一年内到期的非流动资产项目期末数,企业应根据"长期债权投资""长期应收款"明细分类账账户余额中将于一年内到期的数额之和计算填列。

【例 3-7】 某企业 20×8 年 12 月 31 日"长期债权投资"总账期末余额为借方 500 000 元,其中包括 20×4 年 3 月 1 日购入的当日发行五年期国债 300 000 元,20×7 年 12 月 1 日购入的当日发行三年期企业债券 200 000 元。则资产负债表中一年内到期的非流动资产项目期末数为:

一年内到期的非流动资产项目期末数＝300 000(元)

(10) 其他流动资产

其他流动资产项目反映企业除流动资产中列示项目外的其他流动资产。资产负债表其他流动资产项目期末数,一般应根据"待处理财产损益——待处理流动资产净损益"等账户余额分析填列。如果其他流动资产价值较大,应在会计报表附注中披露其内容和金额。

(11) 债权投资

债权投资项目,反映资产负债表日企业以摊余成本计量的长期债权投资的期末账面价值。该项目应根据"债权投资"账户的相关明细科目期末余额,减去"债权投资减值准备"账户中相关减值准备的期末余额后的金额分析填列。自资产负债表日起一年内到期的长期债权投资的期末账面价值,在"一年内到期的非流动资产"项目反映。企业购入的以摊余成本计量的一年内到期的债权投资的期末账面价值,在"其他流动资产"项目反映。

(12) 其他债权投资

其他债权投资项目,反映资产负债表日企业分类为以公允价值计量且其变动计入其他综合收益的长期债权投资的期末账面价值。该项目应根据"其他债权投资"账户的相关明细账户期末余额分析填列。自资产负债表日起一年内到期的长期债券投资的期末账面价值,在"一年内到期的非流动资产"项目反映。企业购入的以公允价值计量且其变动计入其他综合收益的一年内到期的债权投资的期末账面价值,在"其他流动资产"项目反映。

(13) 长期应收款

长期应收款项目,反映企业融资租赁产生的应收款项和采用递延方式分期收款、实质上具有融资性质的销售商品和提供劳务等经营活动产生的应收款项。本项目应根据"长期应收款"账户的期末余额,减去相应的"未实现融资收益"账户和

"坏账准备"账户所属相关明细账户期末余额后的金额填列。

（14）长期股权投资

长期股权投资项目，反映投资方对被投资单位实施控制、重大影响的权益性投资，以及对其合营企业的权益性投资。本项目应根据"长期股权投资"总账账户期末借方余额与"长期股权投资减值准备"总账账户期末贷方余额的差额填列。

长期股权投资项目期末数＝"长期股权投资"总账账户期末借方余额－"长期股权投资减值准备"总账账户期末贷方余额

【例3-8】 企业20×8年12月31日"长期股权投资"总账账户期末余额为借方300 000元，"长期股权投资减值准备"总账账户期末余额为贷方15 000元。则资产负债表中"长期股权投资"项目"期末余额"为：

长期股权投资项目期末数＝300 000－15 000＝285 000（元）

（15）其他权益工具投资

其他权益工具投资项目，反映资产负债表日企业指定为以公允价值计量且其变动计入其他综合收益的非交易性权益工具投资的期末账面价值。该项目应根据"其他权益工具投资"账户的期末余额填列。

（16）投资性房地产

投资性房地产项目，反映企业持有的准备出租或增值后转让的各种房地产投资的账面净额。企业对于投资性房地产可采用成本模式计量，也可采用公允价值计量。如企业对投资性房地产采用成本模式计量，资产负债表投资性房地产项目期末数应根据"投资性房地产"总账账户期末借方余额、"投资性房地产累计折旧"期末贷方余额和"投资性房地产减值准备"期末贷方余额分析填列；如企业对投资性房地产采用公允价值模式计量，资产负债表投资性房地产项目期末数应根据"投资性房地产"总账账户期末借方余额填列。

成本模式下，投资性房地产项目期末数＝"投资性房地产"总账账户期末借方余额－"投资性房地产累计折旧"总账账户期末贷方余额－"投资性房地产减值准备"总账账户期末贷方余额

公允价值模式下，投资性房地产项目期末数＝"投资性房地产"总账账户期末借方余额

【例3-9】 某企业对投资性房地产采用成本模式计量，20×8年12月31日"投资性房地产"总账账户期末余额为借方12 000 000元，"投资性房地产累计折旧"总账账户的期末余额为贷方2 000 000元，"投资性房地产减值准备"总账账户期末余额为贷方300 000元。则资产负债表中投资性房地产项目期末数为：

投资性房地产项目期末数＝12 000 000－2 000 000－300 000＝9 700 000（元）

【例 3-10】 某企业对投资性房地产采用公允价值模式计量,20×8 年 4 月 30 日"投资性房地产——成本"明细分类账账户期末余额为借方 12 000 000 元,"投资性房地产——公允价值变动"明细分类账账户的期末余额为借方 2 000 000 元。则资产负债表中投资性房地产项目期末数为:

投资性房地产项目期末数＝12 000 000＋2 000 000＝14 000 000(元)

(17) 固定资产

固定资产项目,反映资产负债表日企业固定资产的期末账面价值和企业尚未清理完毕的固定资产清理净损益。该项目应根据"固定资产"账户的期末余额,减去"累计折旧"和"固定资产减值准备"账户期末余额后的金额,以及"固定资产清理"账户的期末余额填列。

【例 3-11】 20×8 年 12 月 31 日,甲公司"固定资产"账户借方余额为 5 000 万元,"累计折旧"账户贷方余额为 2 000 万元,"固定资产减值准备"账户贷方余额为 500 万元,"固定资产清理"账户借方余额为 500 万元,则 20×8 年 12 月 31 日,甲公司资产负债表中"固定资产"项目"期末余额"为:

固定资产项目期末数＝5 000－2 000－500＋500＝3 000(万元)

(18) 在建工程

在建工程项目,反映资产负债表日企业尚未达到预定可使用状态在建工程的期末账面价值和企业为在建工程准备的各种物资的期末账面价值。该项目应根据"在建工程"账户的期末余额,减去"在建工程减值准备"账户期末余额后的金额,以及"工程物资"账户的期末余额,减去"工程物资减值准备"账户期末余额后的金额填列。

(19) 生产性生物资产

生产性生物资产项目反映企业(农业)持有的生产性生物资产的账面净额。资产负债表生产性生物资产项目期末数应根据"生产性生物资产"总账账户的期末借方余额与"生产性生物资产累计折旧"总账账户期末贷方余额的差额计算填列。

生产性生物资产项目期末数＝"生产性生物资产"总账账户期末借方余额－"生产性生物资产累计折旧"总账账户期末贷方余额

(20) 油气资产

油气资产项目反映企业(石油天然气开采)持有的矿区权益和油气井及相关设施的账面净额。资产负债表油气资产项目期末数根据"油气资产"总账账户的期末借方余额与"累计折耗"总账账户期末贷方余额的差额计算填列。

油气资产项目期末数＝"油气资产"总账账户期末借方余额－"累计折耗"总账账户期末贷方余额

(21) 无形资产

无形资产项目,反映企业持有的专利权、非专利技术、商标权、著作权、土地使用权等无形资产的成本减去累计摊销和减值准备后的净值。本项目应根据"无形资产"账户的期末余额,减去"累计摊销"和"无形资产减值准备"账户的期末余额后的净额填列。

【例3-12】 某企业20×8年12月31日"无形资产"总账账户期末余额为借方300 000元,"累计摊销"总账账户的期末余额为贷方120 000元,"无形资产减值准备"总账账户期末余额为贷方60 000元。则资产负债表中无形资产项目期末数为:

无形资产项目期末数=300 000－120 000－60 000=120 000(元)

(22) 开发支出

开发支出项目,反映企业全部处于开发阶段的无形资产符合资本化条件的支出。资产负债表开发支出项目期末数可根据"研发支出"总账账户中所属的"资本化支出"明细账户的期末借方余额填列。

(23) 商誉

商誉项目反映企业合并中形成的商誉价值。资产负债表中商誉项目期末余额根据"商誉"总账账户期末借方余额与"商誉减值准备"总账账户期末贷方余额的差额填列。

商誉项目期末数="商誉"总账账户期末借方余额－"商誉减值准备"总账账户期末贷方余额

(24) 长期待摊费用

长期待摊费用项目,反映企业已经发生但应由本期和以后各期负担的分摊期限在一年以上(不含一年)的各项费用。长期待摊费用中在一年内(含一年)摊销的部分,在资产负债表"一年内到期的非流动资产"项目填列。本项目应根据"长期待摊费用"账户的期末余额,减去将于一年内(含一年)摊销的数额后的金额分析填列。

(25) 递延所得税资产

递延所得税资产项目,反映企业确认的可抵扣暂时性差异产生的递延所得税资产。资产负债表递延所得税资产项目期末数应根据"递延所得税资产"总账账户的期末借方余额填列。

递延所得税资产项目期末数="递延所得税资产"总账账户期末借方余额

(26) 其他非流动资产

其他非流动资产项目,反映企业除以上资产以外的其他非流动资产,一般包括国家委托企业代保管的特种储备物资、银行冻结存款、待处理海关罚没物资、税务纠纷冻结物资、未决诉讼冻结财产等。资产负债表其他非流动资产项目期末数应根据有关账户期末借方余额分析填列。如果其他非流动资产价值较大,应在会计报表附注中披露其内容和金额。

2. 负债项目编制说明

（1）短期借款

短期借款项目,反映企业向银行或金融机构借入的还款期在一年以内(含一年)的借款。资产负债表短期借款项目期末数应根据"短期借款"总账账户的期末贷方余额填列。

短期借款项目期末数＝"短期借款"总账账户期末贷方余额

【例 3-13】 中北公司 20×8 年 12 月 31 日"短期借款"总账账户期末余额为贷方 200 000 元。则资产负债表中短期借款项目期末数为:

短期借款项目期末数＝200 000(元)

（2）交易性金融负债

交易性金融负债项目,反映企业资产负债表日承担的交易性金融负债,以及企业持有的直接指定为以公允价值计量且其变动计入当期损益的金融负债的期末账面价值。资产负债表中交易性金融负债项目期末数应根据"交易性金融负债"总账账户的期末贷方余额填列。

交易性金融负债项目期末数＝"交易性金融负债"总账账户期末贷方余额

【例 3-14】 W 公司 20×8 年 12 月 31 日"交易性金融负债——本金"明细分类账账户期末余额为贷方 200 000 元,"交易性金融负债——公允价值变动"明细分类账账户期末余额为借方 15 000 元。则资产负债表中交易性金融负债项目期末数为:

交易性金融负债项目期末数＝200 000 － 15 000＝185 000(元)

（3）应付票据及应付账款

应付票据及应付账款项目,反映资产负债表日企业因购买材料、商品和接受服务等经营活动应支付的款项,以及开出、承兑的商业汇票,包括银行承兑汇票和商业承兑汇票。该项目应根据"应付票据"账户的期末余额,以及"应付账款"和"预付账款"账户所属的相关明细账户的期末贷方合计数填列。

【例 3-15】 20×8 年 12 月 31 日,甲公司"应付票据"和"应付账款"账户的余额如是 5 万元的应付账款,25 万元的银行承兑汇票,5 万元的商业承兑汇票,则 20×8 年 12 月 31 日,甲公司资产负债表中"应付票据及应付账款"项目"期末余额"的列报金额为:

应付票据及应付账款项目期末数＝5＋25＋5＝35(万元)

（4）预收款项

预收款项项目,反映企业按照购货合同规定预收供应单位的款项。本项目应根据"预收账款"和"应收账款"账户所属各明细账户的期末贷方余额合计数填列。如果"预收账款"所属明细分类账户期末有借方余额的,应在资产负债表"应收票据及应收账款"项目内填列。

预收款项项目期末数="应收账款"明细分类账账户期末贷方余额+"预收账款"明细分类账账户期末贷方余额

【例3-16】 红日公司20×8年12月31日"应收账款"有两个明细分类账户:"应收账款——A公司",其期末余额在借方,为5 500元;"应收账款——B公司",其期末余额在贷方,为1 500元。"预收账款"有两个明细分类账户:"预收账款——C公司",其期末余额在贷方,为9 000元;"预收账款——D公司",其期末余额在借方,为500元。则资产负债表中预收账款项目期末数为:

预收款项项目期末数=1 500+9 000=10 500(元)

(5) 合同负债

合同负债项目,反映企业按照《企业会计准则第14号——收入》(2017年修订)的相关规定,根据本企业履行履约义务与客户付款之间的关系在资产负债表中列示合同负债。"合同负债"项目应根据"合同负债"的相关明细账户期末余额分析填列。

(6) 应付职工薪酬

应付职工薪酬项目,反映企业为获得职工提供的服务或解除劳动关系而给与的各种形式的报酬或补偿。企业提供给职工配偶、子女、受赡养人、已故员工遗属及其他受益人等的福利,也属于职工薪酬。职工薪酬主要包括短期薪酬、离职后福利、辞退福利和其他长期职工福利。本项目应根据"应付职工薪酬"账户所属各明细账户的期末贷方余额分析填列。外商投资企业按规定从净利润中提取的职工奖励及福利基金,也在本项目中列示。

【例3-17】 20×8年12月31日,甲公司"应付职工薪酬"账户显示,所欠的薪酬项目包括:工资、奖金、津贴和补贴70万元,社会保险费(含医疗保险、工伤保险、生育保险)5万元,设定提存计划(含基本养老保险费)2.5万元,住房公积金2万元,工会经费和职工教育经费0.5万元,则20×8年12月31日,甲公司资产负债表中"应付职工薪酬"项目"期末余额"的列报金额为:

应付职工薪酬项目期末数=70+5+2.5+2+0.5=80(万元)

(7) 应交税费

应交税费项目,反映企业按照税法规定计算应交纳的各种税费,包括增值税、消费税、企业所得税、资源税、土地增值税、城市维护建设税、房产税、土地使用税、车船使用税、教育费附加、矿产资源补偿费等。企业代扣代交的个人所得税,也通过本项目列示。企业所交纳的税金不需要预计应交数的,如印花税、耕地占用税等,不在本项目列示。本项目应根据"应交税费"账户的期末贷方余额填列,如"应交税费"账户期末为借方余额,应以"—"号填列。需要说明的是,"应交税费"账户下的"应交增值税""未交增值税""待抵扣进项税额""待认证进项税额""增值税留抵税额"等明细账户期末借方余额应根据情况,在资产负债表中的"其他流动资产"或"其他非流动资产"项目列示;"应交税费——待转销项税额"等账户期末贷方余额应根据情况,在资产负债表中的"其他流动负债"或"其他非流动负债"项目列示;"应交税费"账户下的"未交增值税""简易计税""转让金融商品应交增值税""代扣代交增值税"等账户期末贷方余额应在资产负债表中的"应交税费"项目列示。

(8) 其他应付款

其他应付款项目,反映企业除应付票据、应付账款、预收账款、应付职工薪酬、应交税费等经营活动以外的其他各种应付、暂收的款项。本项目应根据"应付利息""应付股利""其他应付款"账户的期末余额合计数填列。

其他应付款项目期末数="应付利息"总账账户期末贷方余额+"应付股利"总账账户期末贷方余额+"其他应付款"总账账户期末贷方余额

(9) 持有待售负债

持有待售负债项目,反映资产负债表日处置组中与划分为持有待售类别的资产直接相关的负债的期末账面价值。本项目应根据"持有待售负债"账户的期末余额填列。

(10) 一年内到期的非流动负债

一年内到期的非流动负债项目,反映企业非流动负债中将于资产负债表日后一年内到期部分的金额,如将于一年内偿还的长期借款。本项目应根据有关账户的期末余额分析填列。

【例3-18】 某公司20×8年12月31日资料显示,"长期借款"总账账户的期末贷方余额为800 000元,其中20×6年6月借入的三年期借款500 000元,其余为20×7年年末借入的三年期借款。"应付债券"的贷方余额为600 000元,均为20×6年年初发行的五年期企业债券。并且该企业没有其他非流动负债,则资产负债表一年内到期的非流动负债项目期末数为:

一年内到期的非流动负债项目期末数=500 000(元)

(11) 其他流动负债

其他流动负债项目,反映企业除以上流动负债以外的其他流动负债。资产负债表其他流动负债项目期末数应根据有关账户期末余额分析填列。如果其他流动负债价值较大,应在会计报表附注中披露其内容和金额。

(12) 长期借款

长期借款项目,反映企业向银行或非银行金融机构借入的还款期限在一年以上(不含一年)的各项借款。本项目应根据"长期借款"账户的期末余额,扣除"长期借款"账户所属的明细分类账户中将在资产负债表日起一年内到期且企业不能自主地将清偿义务展期的长期借款后的金额计算填列。

长期借款项目期末数="长期借款"总账账户期末贷方余额—"长期借款"总账账户期末贷方余额中将于一年内偿还的长期借款

【例3-19】 某公司20×8年12月31日资料显示,"长期借款"总账账户的期末贷方余额为800 000元,其中20×6年6月借入的三年期借款500 000元,其余为20×7年年末借入的三年期借款。"应付债券"的贷方余额为600 000元,均为20×6年年初发行的五年期企业债券。并且该企业没有其他非流动负债,则资产负债表长期借款项目期末数为:

长期借款项目期末数=800 000 — 500 000=300 000(元)

(13) 应付债券

应付债券项目,反映企业为筹集资金而发行债券的本金和利息。资产负债表应付债券项目期末数应根据"应付债券"总账账户期末贷方余额扣除将于一年内偿还的应付债券部分后的差额分析填列。

应付债券项目期末数="应付债券"总账账户期末贷方余额—"应付债券"总账账户期末贷方余额中将于一年内偿还的应付债券

【例3-20】 某公司20×8年12月31日资料显示,"应付债券"的贷方余额为600 000元,其中20×6年5月1日发行的三年期企业债券200 000元,20×7年初发行的五年期企业债券400 000元。并且该企业没有其他非流动负债,则资产负债表应付债券项目期末数为:

应付债券项目期末数=600 000 — 200 000=400 000(元)

(14) 长期应付款

长期应付款项目,反映企业除长期借款和应付债券以外的其他各种长期应付款项,包括采用补偿贸易方式引进国外设备款、采用分期付款方式购入固定资产和无形资产发生的应付账款、融资租赁方式租入固定资产租赁费等。资产负债表长期应付款项目期末数应根据"长期应付款"总账账户期末贷方余额,减去相关的"未确认融资费用"账户期末余额后的金额,以及"专项应付款"账户的期末余额,再减去所属相关账户中将于一年内到期部分后的金额填列。

(15) 预计负债

预计负债项目,反映企业根据或有事项等相关准则确认的各项预计负债,包括对外提供担保、未决诉讼、产品质量保证、重组义务以及固定资产和矿区权益弃置义务等产生的预计负债。资产负债表预计负债项目期末数应根据"预计负债"总账账户期末贷方余额填列。

预计负债项目期末数＝"预计负债"总账账户期末贷方余额

（16）递延收益

递延收益项目，反映尚待确认的收入或收益。本项目核算包括企业根据政府补助准则确认的应在以后期间计入当期损益的政府补助金额、售后租回形成融资租赁的售价与资产账面价值差额等其他递延性收入。本项目应根据"递延收益"账户的期末余额填列。

（17）递延所得税负债

递延所得税负债项目，反映企业确认的应纳税暂时性差异产生的所得税负债。资产负债表递延所得税负债项目期末数根据"递延所得税负债"总账账户期末贷方余额填列。

递延所得税负债项目期末数＝"递延所得税负债"总账账户期末贷方余额

（18）其他非流动负债

其他非流动负债项目，反映企业除以上非流动负债以外的其他非流动负债。资产负债表其他非流动负债项目期末数应根据有关总账账户期末贷方余额填列。如果其他非流动负债价值较大的，应在会计报表附注中披露其内容和金额。

3. 所有者权益项目编制说明

（1）实收资本（或股本）

实收资本（或股本）项目，反映企业接受投资者投入的资本总额。资产负债表实收资本项目期末数根据"实收资本（或股本）"总账账户期末贷方余额填列。

实收资本项目期末数＝"实收资本"总账账户期末贷方余额

（2）其他权益工具

其他权益工具项目，反映企业发行的除普通股以外分类为权益工具的金融工具的账面价值，并下设"优先股"和"永续债"两个项目，分别反映企业发行的分类为权益工具的优先股和永续债的账面价值。

（3）资本公积

资本公积项目，反映企业收到投资者出资超过其在注册资本或股本中所占的份额以及直接计入所有者权益的利得和损失等。本项目应根据"资本公积"账户的期末余额填列。

（4）其他综合收益

其他综合收益项目，反映企业其他综合收益的期末余额。本项目应根据"其他综合收益"账户的期末余额填列。

（5）盈余公积

盈余公积项目反映企业利润分配过程中所累积的盈余公积的金额。资产负债表盈余公积项目期末数根据"盈余公积"总账账户的期末贷方余额填列。

盈余公积项目期末数＝"盈余公积"总账账户期末贷方余额

（6）未分配利润

未分配利润项目反映企业尚未分配的利润或留待以后年度弥补的亏损。资产负债表未分配利润项目期末数应根据"本年利润"总账账户的期末贷方余额和"利润分配"总账账户的期末贷方余额合计填列。如果"本年利润"总账账户或"利润分配"总账账户出现借方余额,以"—"号填列。

未分配利润项目期末数＝"本年利润"总账账户期末贷方余额（借方余额以"—"号填列）＋"利润分配"总账账户期末贷方余额（借方余额以"—"号填列）

【例 3-21】 某公司 20×8 年 12 月 31 日资料显示,"本年利润"的贷方余额为 145 000元,"利润分配"总账账户的期末贷方余额为 68 000 元,则资产负债表未分配利润项目期末数为：

未分配项目期末数＝145 000＋68 000＝213 000（元）

（三）编制资产负债表应注意的问题

1. 注意会计账户与会计报表项目的对应关系

由于资产负债表各项目与会计账户的名称并非固定一一对应的,有的报表项目根据某一账户的余额直接填列,如短期借款项目；有的报表项目根据几个账户余额分析计算填列,如应收票据及应收账款项目；有的报表项目根据几个账户的余额合计填列,如存货项目。因此,在填制资产负债表时,要严格按照编制说明的要求进行,保证会计报表的客观真实。

2. 资产负债表中反映的资产、负债、所有者权益必须客观真实

在会计核算中,由于经济业务繁简不一,会计处理方法也有可供选择的余地,特别是在新会计准则下,对有些资产、负债的计量引入了公允价值计量属性,但在编制资产负债表时,不管企业的会计核算采用何种方法,资产、负债计量使用的计量属性,反映的资产、负债、所有者权益必须客观真实。

存货采用计划成本法进行日常核算的企业,在填列资产负债表时,应注意考虑材料成本差异的影响,将存货的计划成本调整为实际成本。对某些资产、负债的计量采用公允价值计量时,在期末应调整该资产、负债的账面价值,使之符合期末公允价值,提高资产负债表会计信息的质量。

3. 注意准确运用数字符号反映项目的含义

编制资产负债表时,要注意数字符号的正确选用,以便能准确、完整地反映企业的财务状况。若选用不当,可能引起对财务状况的误解。

凡是某报表项目没有对应项目的,该项目所出现的相反方向余额,应以"—"号填列在资产负债表中。例如,"应付职工薪酬""应交税费""利润分配"等总账账户期末余额出现借方余额时,均以"-"号填列在资产负债表的相应项目内。

凡是某报表项目有对应项目的,该项目所出现的相反方向余额,在对应项目中反映,不以"-"号反映,这些项目包括"应收票据及应收账款"与"预收款项"、"应付票据及应付账款"与"预付款项"。例如,"预收账款"项目,原本属于负债类项目,反映企业预收购货单位的购货款,一般根据"预收账款"账户贷方余额填列资产负债表预收账款项目。但如果企业实际销售的商品款项大于实收的预收账款,则"预收账款"账户会出现借方余额,则"预收账款"的借方余额应填入相应的"应收票据及应收账款"项目内,而不应以"-"号反映。

4. 资产负债表补充资料的填写

在资产负债表的下端,根据行业特点和报表充分揭示的需要,列有几项补充资料。补充资料主要反映一些报表使用者需要了解,但在报表的基本部分无法反映或难以单独反映的一些资料。例如,工业企业报表的补充资料包括"已贴现的商业承兑汇票""融资租入固定资产原价"等项目;商品流通企业包括"库存商品期末余额""商品削价准备期末余额"等项目。

补充资料是资产负债表的直接补充说明,其目的是帮助会计报表使用者更好地阅读、理解报表项目,分析企业财务状况。补充资料是资产负债表的主要组成部分,也是企业报送报表时必须填列的内容。对于补充资料项目,企业一样要认真、负责,不可随意估计。这些项目的准确性,直接影响到资产负债表所反映的财务状况是否真实和客观。在填制补充资料时,需要查阅相关的会计账簿。

四、实训案例

(一)实训资料

【案例 3-1】 根据案例 2-1 所列北方公司相关资料,完成表 3-2 北方公司 20×8 年 12 月末资产负债表的期末数。

表 3-2 资产负债表

会证 01

编制单位:北方公司　　　　20×8 年 12 月 31 日　　　　单位:元

资　产	期末余额	年初余额	负债和所有者权益 (或股东权益)	期末余额	年初余额
流动资产:			流动负债:		
货币资金			短期借款		

(续表3-2)

资　　产	期末余额	年初余额	负债和所有者权益（或股东权益）	期末余额	年初余额
交易性金融资产			交易性金融负债		
衍生金融资产			衍生金融负债		
应收票据及应收账款			应付票据及应付账款		
预付款项			预收款项		
其他应收款			合同负债		
存货			应付职工薪酬		
合同资产			应交税费		
持有待售资产			其他应付款		
一年内到期的非流动资产			持有待售负债		
其他流动资产			一年内到期的非流动负债		
流动资产合计			其他流动负债		
非流动资产：			流动负债合计		
债权投资			非流动负债：		
其他债权投资			长期借款		
长期应收款			应付债券		
长期股权投资			长期应付款		
其他权益工具投资			预计负债		
其他非流动金融资产			递延收益		
投资性房地产			递延所得税负债		
固定资产			其他非流动负债		
在建工程			非流动负债合计		
生产性生物资产			负债合计		
油气资产			所有者权益（或股东权益）：		
无形资产			实收资本（或股本）		
开发支出			其他权益工具		
商誉			资本公积		

(续表 3-2)

资 产	期末余额	年初余额	负债和所有者权益（或股东权益）	期末余额	年初余额
长期待摊费用			减：库存股		
递延所得税资产			其他综合收益		
其他非流动资产			盈余公积		
非流动资产合计			未分配利润		
			所有者权益（或股东权益）合计		
资产总计			负债和所有者权益（或股东权益）合计		

（二）实训指导

1. 根据案例 2-1 北方公司试算平衡表如表 3-3 所示。

表 3-3　20×8 年 12 月试算平衡表　　　　　　　　　　　单位：元

账　户	期初余额		本期发生额		期末余额	
	借方	贷方	借方	贷方	借方	余额
库存现金	3 100				3 100	
银行存款	1 908 000		2 696 417	3 147 150	1 457 267	
其他货币资金	168 000			146 000	22 000	
交易性金融资产	26 800		2 000		28 800	
应收票据	80 000		348 000	428 000	0	
应收账款	400 000		464 000	365 000	499 000	
其他应收款	4 500				4 500	
预付账款	65 000			65 000	0	
材料采购	120 000		325 300	245 300	200 000	
原材料	91 200		240 600	300 000	31 800	
包装物	10 000				10 000	
低值易耗品	70 000			60 000	10 000	
库存商品	60 000		1 123 600	900 000	283 600	

(续表 3-3)

账户	期初余额		本期发生额		期末余额	
	借方	贷方	借方	贷方	借方	余额
材料成本差异	3 500		5 000	7 500	1 000	
其他权益工具投资	80 000		10 000		90 000	
长期股权投资	220 000				220 000	
固定资产	3 099 000		1 591 100	1 080 000	3 610 100	
在建工程	1 600 000		570 000	1 500 000	670 000	
工程物资			130 000		130 000	
无形资产	1 200 000				1 200 000	
开发支出			20 000		20 000	
坏账准备		8 000	5 000	6 980		9 980
存货跌价准备		6 500		11 190		17 690
长期股权投资减值准备		4 500				4 500
固定资产减值准备		190 000	125 000	20 000		85 000
累计摊销		240 000		80 000		320 000
短期借款		500 000	200 000			300 000
应付账款		760 000	85 000			675 000
应付票据		250 000	150 000			100 000
应交税费		40 800	277 233	374 950		138 517
应付利息		12 000	10 000	22 000		24 000
其他应付款		65 000				65 000
长期借款		1 800 000	850 000	670 500		1 620 500
递延所得税负债		8 000		12 400		20 400
股本		1 000 000				1 000 000
盈余公积		150 000		21 567		171 567
未分配利润		90 000	102 712	143 780		131 068
本年利润			1 542 000	1 542 000		0
累计折旧		600 000	485 000	120 000		235 000

(续表3-3)

账户	期初余额 借方	期初余额 贷方	本期发生额 借方	本期发生额 贷方	期末余额 借方	期末余额 余额
资本公积		3 428 800				3 428 800
其他综合收益		4 500		7 500		12 000
应付职工薪酬		51 000	1 037 000	1 037 000		51 000
应付股利				81 145		81 145
管理费用			224 700	224 700	0	
制造费用			247 600	247 600	0	
财务费用			56 500	56 500	0	
销售费用			28 000	28 000	0	
生产成本			1 123 600	1 123 600	0	
税金及附加			21 250	21 250	0	
固定资产清理			440 000	440 000		
投资收益			40 000	40 000		0
所得税费用			59 600	59 600	0	
公允价值变动损益			2 000	2 000	0	
待处理财产损益			30 000	30 000	0	
主营业务收入			1 500 000	1 500 000		0
主营业务成本			900 000	900 000	0	
营业外支出			30 000	30 000		
资产处置损益			40 000	40 000	0	
信用减值损失			6 980	6 980		
资产减值损失			31 190	31 190	0	
合计	9 209 100	9 209 100	17 176 382	17 176 382	8 491 167	8 491 167

2. 根据相关资料,北方公司部分资产负债表项目金额计算如下:
(1) 货币资金＝库存现金＋银行存款＋其他货币资金
　　期初货币资金＝3 100＋1 908 000＋168 000＝2 079 100
　　期末货币资金＝3 100＋1 457 267＋22 000＝1 482 367

(2) 应收票据及应收账款＝应收票据＋应收账款－坏账准备

　　期初应收票据及应收账款＝80 000＋400 000－8 000＝472 000

　　期末应收票据及应收账款＝0＋499 000－9 980＝489 020

(3) 存货＝材料采购＋原材料＋包装物＋低值易耗品＋库存商品＋材料成本差异－存货跌价准备

　　期初存货＝120 000＋91 200＋10 000＋70 000＋60 000＋3 500－6 500
　　　　　　＝348 200

　　期末存货＝200 000＋31 800＋10 000＋10 000＋283 600＋1 000－17 690
　　　　　　＝518 710

(4) 长期股权投资＝长期股权投资－长期股权投资减值准备

　　期初长期股权投资＝220 000－4 500＝215 500

　　期末长期股权投资＝220 000－4 500＝215 500

(5) 固定资产＝固定资产－累计折旧－固定资产减值准备

　　期初固定资产＝3 099 000－600 000－190 000＝2 309 000

　　期末固定资产＝3 610 100－235 000－85 000＝3 290 100

(6) 无形资产＝无形资产－累计摊销

　　期初无形资产＝无形资产－累计摊销＝1 200 000－240 000＝960 000

　　期末无形资产＝无形资产－累计摊销＝1 200 000－320 000＝880 000

(三) 北方公司 20×8 年 12 月 31 日资产负债表(表 3-4)

表 3-4　资产负债表

会证 01

编制单位:北方公司　　　　20×8 年 12 月 31 日　　　　单位:元

资　产	期末余额	年初余额	负债和所有者权益（或股东权益）	期末余额	年初余额
流动资产:			流动负债:		
货币资金	1 482 367	2 079 100	短期借款	300 000	500 000
交易性金融资产	28 800	26 800	交易性金融负债	0	0
衍生金融资产	0	0	衍生金融负债	0	0
应收票据及应收账款	489 020	472 000	应付票据及应付账款	775 000	1 010 000
预付款项	0	65 000	预收款项	0	0
其他应收款	4 500	4 500	合同负债	0	0

(续表3-4)

资产	期末余额	年初余额	负债和所有者权益（或股东权益）	期末余额	年初余额
存货	518 710	348 200	应付职工薪酬	51 000	51 000
合同资产	0	0	应交税费	138 517	40 800
持有待售资产	0	0	其他应付款	170 145	77 000
一年内到期的非流动资产	0	0	持有待售负债	0	0
其他流动资产	0	0	一年内到期的非流动负债	400 000	850 000
流动资产合计	2 523 397	2 995 600	其他流动负债	0	0
非流动资产：			流动负债合计	1 834 662	2 528 800
债权投资	0	0	非流动负债：		
其他债权投资	0	0	长期借款	1 220 500	950 000
长期应收款	0	0	应付债券		
长期股权投资	215 500	215 500	长期应付款	0	0
其他权益工具投资	90 000	80 000	预计负债	0	00
其他非流动金融资产	0	0	递延收益		
投资性房地产	0	0	递延所得税负债	20 400	8 000
固定资产	3 290 100	2 309 000	其他非流动负债	0	0
在建工程	800 000	1 600 000	非流动负债合计	1 240 900	958 000
生产性生物资产	0	0	负债合计	3 075 562	3 486 800
油气资产	0	0	所有者权益（或股东权益）：		
无形资产	880 000	960 000	实收资本（或股本）	1 000 000	1 000 000
开发支出	20 000	0	其他权益工具	0	0
商誉	0	0	资本公积	3 428 800	3 428 800
长期待摊费用	0	0	减：库存股	0	0
递延所得税资产	0	0	其他综合收益	12 000	4 500
其他非流动资产	0	0	盈余公积	171 567	150 000
非流动资产合计	5 295 600	5 164 500	未分配利润	131 068	90 000

(续表 3-4)

资产	期末余额	年初余额	负债和所有者权益（或股东权益）	期末余额	年初余额
			所有者权益（或股东权益）合计	4 743 435	4 673 300
资产总计	7 818 997	8 160 100	负债和所有者权益（或股东权益）合计	7 818 997	8 160 100

五、资产负债表编制单项实训

根据练习 2-1 所列华诚制衣有限公司相关资料，完成表 3-5 华诚制衣有限公司 20×8 年 12 月末资产负债表的期末数。

表 3-5 资产负债表

会企 01 表

编制单位：华诚制衣有限公司　　　　20×8 年 12 月 31 日　　　　　　　　单位：元

资产	期末余额	年初余额	负债和所有者权益（或股东权益）	期末余额	年初余额
流动资产：			流动负债：		
货币资金			短期借款		
交易性金融资产			交易性金融负债		
衍生金融资产			衍生金融负债		
应收票据及应收账款			应付票据及应付账款		
预付款项			预收款项		
其他应收款			合同负债		
存货			应付职工薪酬		
合同资产			应交税费		
持有待售资产			其他应付款		
一年内到期的非流动资产			持有待售负债		
其他流动资产			一年内到期的非流动负债		
流动资产合计			其他流动负债		

(续表 3-5)

资　产	期末余额	年初余额	负债和所有者权益（或股东权益）	期末余额	年初余额
非流动资产：			流动负债合计		
债权投资			非流动负债：		
其他债权投资			长期借款		
长期应收款			应付债券		
长期股权投资			长期应付款		
其他权益工具投资			预计负债		
其他非流动金融资产			递延收益		
投资性房地产			递延所得税负债		
固定资产			其他非流动负债		
在建工程			非流动负债合计		
生产性生物资产			负债合计		
油气资产			所有者权益（或股东权益）：		
无形资产			实收资本（或股本）		
开发支出			其他权益工具		
商誉			资本公积		
长期待摊费用			减：库存股		
递延所得税资产			其他综合收益		
其他非流动资产			盈余公积		
非流动资产合计			未分配利润		
			所有者权益（或股东权益）合计		
资产总计			负债和所有者权益（或股东权益）合计		

第四章 利润表项目编制单项实训

一、实训目的

利润表是反映企业一段期间收入的实现、费用的发生、利润的形成情况的报表,它是一个动态报表,是反映企业盈利能力水平的报表。通过提供利润表,可以从总体上了解企业在一定会计期间的收入、费用及净利润(或亏损)的实现及构成情况;通过利润表提供的不同时期的数字比较(本期金额、上期金额),可以分析企业的获利能力及利润的未来趋势,了解投资者投入资本的保值增值情况。由于利润表既是企业经营业绩的综合体现,又是企业进行利润分配的主要依据,因此利润表是会计报表的一张主要报表。

利润表项目编制单项实训的目的是使学生理解利润表的构成,掌握利润表编制数据来源,具备独立编制利润表的能力。

二、实训内容

利润表是反映企业一定会计期间经营成果的报表,它是根据企业某一会计期间所实现的收入、发生的费用编制的。利润表由表头和表体两部分构成。表头部分列示利润表的名称、编制单位、编制期间和货币计量单位等;表体部分列示利润表的具体项目和内容。利润表包括的项目主要有营业收入、营业成本、税金及附加、销售费用、管理费用、研发费用、财务费用、资产减值损失、其他收益、投资收益、公允价值变动收益、资产处置收益、营业利润、营业外收入、营业外支出、利润总额、所得税费用、净利润、其他综合收益的税后净额、综合收益总额、每股收益等。

利润表的项目列示是依据"收入－费用＝利润"这一会计平衡式的内容来排列的,并通过一定表格来反映企业经营成果,其编制方法有单步式和多步式。

1. 单步式利润表

单步式利润表是指利润数据只需要根据全部收入和全部费用的配比来计算利润,不提供诸如营业利润、利润总额等中间性收益指标及其构成项目,用所有收入减去所有成本费用及损失项目之和得出净利润指标。采用单步式能直接计算和报告本期内实现的净收益,以表明经营者在一定时期内的经营业绩和资产增值情况。根据这一特点,单步式利润表的格式相对简单。单步式利润表的优点是所提供信息如何使用,可由用户视其需要灵活掌握;不足之处是一些有实际意义的中间性信息不能直接反映出来,会降低利润表的有用性。目前,极少数业务简单的小型企业采用单步式利润表。

2. 多步式利润表

多步式利润表是指将利润表的内容做多项分类,并产生一些中间性收益信息的损益表。由于从营业收入到净利润要做多步计算,可以得出多个步骤收益指标,故称多步式。多步式利润表可以更全面反映企业关于收益及其构成项目的形成情况,提供更多的信息,有助于对管理业绩的评估或提高对未来收益预测的准确性,但是其计算形式相对复杂些。

多步式利润表包括三部分内容:一是营业利润,主要指企业日常经营活动所获得的收入减去成本和相关税费的差额,加上其他收益、投资收益(或减去投资损失)、公允价值变动收益(或减去公允价值变动损失)、资产处置收益(或减去资产处置损失),计算获得营业利润;二是利润总额,指营业利润加上营业外收入,减去营业外支出,计算获得利润总额;三是净利润,即利润总额扣除所得税费用后的净额。

我国《企业会计制度》规定,企业应采用多步式编制利润表。多步式利润表的格式见表4-1。

表4-1 利 润 表

会企02表

编制单位: _____年___月 单位:元

项 目	本期金额	上期金额
一、营业收入		
减:营业成本		
税金及附加		
销售费用		
管理费用		
研发费用		
财务费用		
其中:利息费用		
利息收入		

(续表 4-1)

项目	本期金额	上期金额
资产减值损失		
信用减值损失		
加:其他收益		
投资收益(损失以"-"号填列)		
其中:对联营企业和合营企业的投资收益		
净敞口套期收益(损失以"-"号填列)		
公允价值变动收益(损失以"-"号填列)		
资产处置收益(损失以"-"号填列)		
二、营业利润(亏损以"-"号填列)		
加:营业外收入		
减:营业外支出		
三、利润总额(亏损总额以"-"号填列)		
减:所得税费用		
四、净利润(净亏损以"-"号填列)		
五、其他综合收益的税后净额		
六、综合收益总额		
七、每股收益		
(一)基本每股收益		
(二)稀释每股收益		

三、实训指导

(一)总体思路

利润表是动态报表,是反映企业财务动态信息的报表,利润表数据主要来自于各损益类账户的本期发生额。一般来说,利润表各收入类项目应根据相应的收入类总分类账户的贷方发生额填列;利润表各费用类项目则应根据相应费用类总分类账户的借方发生额填列。我国企业利润表的主要编制步骤和内容如下:

(1)以营业收入为基础,减去营业成本、税金及附加、销售费用、管理费用、研发费用、财务费用、资产减值损失、信用减值损失,加上其他收益、投资收益(或减去投资损失)、公允价值变动收益(或减去公允价值变动损失)、资产处置收益(或减去资产处置损失),计算出营业利润。

(2) 以营业利润为基础,加上营业外收益,减去营业外支出,计算出利润总额。

(3) 以利润总额为基础,减去所得税费用,即计算出净利润(或净亏损)。

(4) 以净利润(或净亏损)为基础,计算出每股收益。

(5) 以净利润(或净亏损)和其他综合收益为基础,计算出综合收益总额。

多步式利润表反映企业在一定期间内利润(或亏损)的实际情况。该表"本期金额"反映各项目的本期实际发生额合计;"上期金额"栏内各项数字,应根据上期利润表"本期金额"栏内所列数字填列。如果上期利润表规定的各个项目的名称和内容与本期不相一致,应对上期利润表各项目的名称和数字按本期的规定进行调整,填入本表"上期金额"栏内。

(二) 利润表项目编制方法

1. 营业收入

营业收入项目,反映企业日常经营业务所取得的收入总额,利润表营业收入项目根据企业当期"主营业务收入"和"其他业务收入"的贷方发生额合计填列。如果企业当期发生了销货退回和销售折扣与折让,利润表营业收入项目本期金额应以"主营业务收入""其他业务收入"总账的贷方发生额减去因退回、折扣、折让发生的"主营业务收入""其他业务收入"总账的借方发生额后的差额填列。

营业收入项目本期金额="主营业务收入"贷方发生额合计+"其他业务收入"贷方发生额合计-销售退回、折扣、折让发生的"主营业务收入""其他业务收入"借方发生额

【例 4-1】 W 公司 20×8 年 12 月损益类账户发生额资料显示:"主营业务收入"总账账户本期贷方发生额合计为 600 000 元;"其他业务收入"总账账户本期贷方发生额合计为 120 000 元。此外,"主营业务收入"总账账户借方发生额中有 10 000 元是由于本期发生了销售退回 11 600 元(其中价款 10 000 元,增值税 1 600 元)。则利润表营业收入项目本期金额为:

营业收入项目本期金额=600 000+120 000-10 000=710 000(元)

2. 营业成本

营业成本项目,反映企业日常经济业务发生的实际成本。利润表营业成本项目根据企业当期"主营业务成本"和"其他业务成本"借方发生额合计填列。如果企业当期发生了销售退回、折扣和折让,应以"主营业务成本""其他业务成本"的本期借方发生额合计减去因销售退回、折扣和折让发生的"主营业务成本""其他业务成

本"的贷方发生额后的差额填列。

营业成本项目本期金额＝"主营业务成本"借方发生额合计＋"其他业务成本"借方发生额合计－销售退回、折扣、折让发生的"主营业务成本""其他业务成本"贷方发生额

【例4-2】 W公司20×8年12月损益类账户发生额资料显示："主营业务成本"总账账户本期借方发生额合计为240 000元；"其他业务成本"总账账户本期借方发生额合计为80 000元。则利润表营业成本项目本期金额为：

营业成本项目本期金额＝240 000＋80 000＝320 000（元）

3. 税金及附加

税金及附加项目，反映企业日常经营业务应负担的消费税、城市维护建设税、资源税、土地增值税和教育费附加等。利润表营业税金及附加项目根据"税金及附加"总账账户的借方发生额填列。

税金及附加项目本期金额＝"税金及附加"借方发生额合计

【例4-3】 某企业20×8年12月损益类账户发生额资料显示："税金及附加"总账账户本期借方发生额合计为32 000元。则利润表税金及附加项目本期金额为：

税金及附加项目本期金额＝32 000（元）

4. 销售费用

销售费用项目，反映企业在销售商品和材料、提供劳务的过程中发生的各种费用，包括包装费、保险费、展览费、广告费、商品维修、预计产品质量保证损失等费用。利润表销售费用项目根据"销售费用"总账账户的本期借方发生额合计填列。

销售费用项目本期金额＝"销售费用"借方发生额合计

5. 管理费用

管理费用项目，反映企业为组织和管理企业生产经营所发生的各项费用。利润表管理费用项目本期金额根据"管理费用"总账账户的本期借方发生额分析填列。如果"管理费用"因存货盘盈等有贷方发生额，则利润表管理费用项目本期金额按"管理费用"借方发生额减去因存货盘盈等而发生的贷方发生额后的差额填列。

管理费用项目本期金额＝"管理费用"借方发生额合计－存货盘盈等发生的"管理费用"贷方发生额

【例4-4】 某企业20×8年12月损益类账户发生额资料显示："管理费用"总账账户本期借方发生额合计为68 000元，"管理费用"本期贷方发生额中有200元是由于发生了存货盘盈。则利润表管理费用项目本期金额为：

管理费用项目本期金额＝68 000－200＝67 800（元）

第四章 利润表项目编制单项实训

6. 研发费用

研发费用项目,反映企业进行研究与开发过程中发生的费用支出。该项目应根据"管理"账户下的"研发费用"明细账户的发生额分析填列。

7. 财务费用

财务费用项目,反映企业为生产经营活动借入资金而发生的利息、手续费等财务费用。利润表财务费用项目本期金额根据"财务费用"总账账户的本期借方发生额填列。如果"财务费用"总账账户因取得利息收入等有贷方发生额,则利润表财务费用项目按"财务费用"总账账户借方发生额减去因利息收入等而发生的贷方发生额后的差额填列。

财务费用项目本期金额＝"财务费用"借方发生额合计－利息收入等发生的"财务费用"贷方发生额

【例4-5】 某企业20×8年12月损益类账户发生额资料显示:"财务费用"总账账户本期借方发生额合计为20 000元,"财务费用"本期贷方发生额中有500元是由于取得了利息收入。则利润表管理费用项目本期金额为:

财务费用项目本期金额＝20 000－500＝19 500(元)

8. 资产减值损失

资产减值损失项目,反映企业计提各项资产减值准备所形成的损失,如企业为应收账款、存货、长期股权投资、债权投资、固定资产、无形资产、在建工程、商誉等资产发生减值所计提的减值准备。利润表资产减值损失项目本期金额根据"资产减值损失"总账的借方发生额合计填列。如果"资产减值损失"因计提减值准备的相关资产的价值又得到恢复,冲减原来计提的减值准备,使"资产减值损失"发生贷方发生额,则利润表资产减值损失项目本期金额根据"资产减值损失"总账账户的借方发生额减去因减值准备冲回等发生的贷方发生额后的差额填列。

资产减值损失项目本期金额＝"资产减值损失"借方发生额合计－计提减值准备资产恢复发生的"资产减值损失"贷方发生额

【例4-6】 M企业20×8年12月损益类账户发生额资料显示:"资产减值损失"总账账户本期借方发生额合计为82 000元,"资产减值损失"本期贷方发生额中有4 000元是由于发生坏账准备转回。则利润表资产减值损失项目本期金额为:

资产减值损失项目本期金额＝82 000－4 000＝78 000(元)

9. 信用减值损失

信用减值损失项目,反映企业计提的各项金融工具减值准备所形成的预期信用损失。该项目应根据"信用减值损失"账户的发生额分析填列。

10. 其他收益

其他收益项目,反映计入其他收益的政府补助等。本项目应根据"其他收益"

账户的发生额分析填列。

11. 投资收益

投资收益项目,反映企业以各种方式对外投资所取得的收益。利润表投资收益项目根据"投资收益"总账账户的贷方发生额填列。如果企业为投资损失,"投资收益"总账账户有借方发生额,利润表投资收益项目本期金额根据"投资收益"总账账户的贷方发生额减去因为投资损失发生的借方发生额的差额填列。如果借贷相抵后的差额在借方,利润表投资收益项目以"—"号填列。

投资收益项目本期金额="投资收益"贷方发生额合计—投资损失发生的"投资收益"借方发生额

【例4-7】 某企业20×8年12月损益类账户发生额资料显示:"投资收益"总账账户本期贷方发生额合计为20 000元,投资损失发生的"投资收益"借方发生额为8 000元。则利润表投资收益项目本期金额为:

投资收益项目本期金额=20 000 — 8 000=12 000(元)

12. 公允价值变动收益

公允价值变动收益项目,反映企业交易性金融资产、交易性金融负债、采用公允价值模式计量的投资性房地产、衍生工具、套期保值业务等公允价值变动形成的应计入当期损益的利得或损失。利润表公允价值变动收益项目根据"公允价值变动损益"总账账户贷方发生额合计减去因公允价值变化发生的"公允价值变动损益"借方发生额合计的差额填列。如果借贷相抵后的差额在借方,以"—"号填列。

公允价值变动收益项目本期金额="公允价值变动损益"贷方发生额合计—公允价值减少发生的"公允价值变动损益"借方发生额

【例4-8】 某企业20×8年12月损益类账户发生额资料显示:"公允价值变动损益"总账账户本期贷方发生额合计为120 000元,因公允价值减少发生的"公允价值变动损益"借方发生额为168 000元。则利润表公允价值变动收益项目本期金额为:

公允价值变动收益项目本期金额=120 000 — 168 000=— 48 000(元)

13. 资产处置收益

资产处置收益项目,反映企业出售划分为持有待售的非流动资产(金融工具、长期股权投资和投资性房地产除外)或处置组(子公司和业务除外)时确认的处置利得或损失,以及处置未划分为持有待售的固定资产、在建工程、生产性生物资产及无形资产而产生的处置利得或损失。债务重组中因处置非流动资产产生的利得或损失、非货币性资产交换中换出非流动资产产生的利得或损失也包括在本项目内。本项目应根据"资产处置损益"账户的发生额分析填列;如为处置损失,以"—"号填列。

14. 营业利润

营业利润项目,反映企业实现的营业利润。如为亏损,以"—"号填列。

15. 营业外收入

营业外收入项目,反映企业发生的除营业利润以外的收益,主要包括债务重组利得、与企业日常活动无关的政府补助、盘盈利得、捐赠利得(企业接受股东或股东的子公司直接或间接的捐赠,经济实质属于股东对企业的资本性投入的除外)等。利润表营业外收入项目本期金额根据"营业外收入"总账的贷方发生额合计填列。

营业外收入项目本期金额="营业外收入"贷方发生额合计

16. 营业外支出

营业外支出项目,反映企业发生的与其生产经营无直接关系的各项支出,包括非流动资产处置损失、非货币性资产交换损失、债务重组损失、公益性捐赠支出、非常损失、盘亏损失等。利润表营业外支出项目本期金额根据"营业外支出"总账账户的借方发生额合计填列。

营业外支出项目本期金额="营业外支出"借方发生额合计

17. 利润总额

利润总额项目,反映企业实现的利润。如为亏损,以"一"号填列。

18. 所得税费用

所得税费用项目,反映企业确认的应从当期利润总额中扣除的所得税费用。利润表所得税费用项目本期金额根据"所得税费用"总账账户的借方发生额填列。

所得税费用项目本期金额="所得税费用"借方发生额

19. 净利润

净利润项目,反映企业实现的净利润。如为亏损,以"一"号填列。

20. 其他综合收益的税后净额

其他综合收益的税后净额项目,反映企业根据企业会计准则规定未在损益中确认的各项利得和损失扣除所得税影响后的净额。

21. 综合收益总额

综合收益总额项目,反映企业净利润与其他综合收益(税后净额)的合计金额。

22. 每股收益

每股收益项目,包括基本每股收益和稀释每股收益两项指标,反映普通股或潜在普通股已公开交易的企业,以及正处在公开发行普通股或潜在普通股过程中的企业的每股收益信息。

(三)利润表编制说明

1. 正确确定当期收入与费用

利润是当期收入与当期费用的差额。因此,要正确计算利润,就必须首先确定当期的收入与当期的费用。对于营业收入来说,一般情况下,只有当企业的商品已经销售,或劳务已经提供,才能确认为本期的营业收入并编入利润表。

2. 力求保持投入资本的完整

一个企业只有在保持投入资本完整无缺的情况下,才可能获得真正的利润。例如,在通货膨胀时期,货币贬值,以货币计量的投入资本,其期末账面余额可能大于期初余额,但若按物价指数换算,却可能小于期初余额,因而可能出现虚盈实亏的现象。因此,在通货膨胀严重的情况下,有必要按物价指数进行调整。

四、实训案例

(一) 实训资料

【案例4-1】 根据案例2-1所列资料,完成表4-2北方公司20×8年利润表的本期金额栏。

表4-2 利　润　表

会企02表

编制单位:北方公司　　　　　　　20×8年12月　　　　　　　　　单位:元

项　　目	本期金额	上期金额
一、营业收入		
减:营业成本		
税金及附加		
销售费用		
管理费用		
研发费用		
财务费用		
其中:利息费用		
利息收入		
资产减值损失		
信用减值损失		
加:其他收益		
投资收益(损失以"-"号填列)		
其中:对联营企业和合营企业的投资收益		

(续表 4-2)

项　　目	本期金额	上期金额
净敞口套期收益(损失以"－"号填列)		
公允价值变动收益(损失以"－"号填列)		
资产处置收益(损失以"－"号填列)		
二、营业利润(亏损以"－"号填列)		
加:营业外收入		
减:营业外支出		
三、利润总额(亏损总额以"－"号填列)		
减:所得税费用		
四、净利润(净亏损以"－"号填列)		
五、其他综合收益的税后净额		
六、综合收益总额		
七、每股收益		
(一)基本每股收益		
(二)稀释每股收益		

(二)实训指导

1. 根据案例 2-1 北方公司试算平衡表如表 4-3 所示。

表 4-3　20×8 年试算平衡表　　　　　　　　　　单位:元

账　　户	期初余额		本期发生额		期末余额	
	借方	贷方	借方	贷方	借方	余额
库存现金	3 100				3 100	
银行存款	1 908 000		2 696 417	3 147 150	1 457 267	
其他货币资金	168 000			146 000	22 000	
交易性金融资产	26 800		2 000		28 800	
应收票据	80 000		348 000	428 000	0	
应收账款	400 000		464 000	365 000	499 000	
其他应收款	4 500				4 500	

(续表 4-3)

账 户	期初余额		本期发生额		期末余额	
	借方	贷方	借方	贷方	借方	余额
预付账款	65 000			65 000	0	
材料采购	120 000		325 300	245 300	200 000	
原材料	91 200		240 600	300 000	31 800	
包装物	10 000				10 000	
低值易耗品	70 000			60 000	10 000	
库存商品	60 000		1 123 600	900 000	283 600	
材料成本差异	3 500		5 000	7 500	1 000	
其他权益工具投资	80 000		10 000		90 000	
长期股权投资	220 000				220 000	
固定资产	3 099 000		1 591 100	1 080 000	3 610 100	
在建工程	1 600 000		570 000	1 500 000	670 000	
工程物资			130 000		130 000	
无形资产	1 200 000				1 200 000	
开发支出			20 000		20 000	
坏账准备		8 000	5 000	6 980		9 980
存货跌价准备		6 500		11 190		17 690
长期股权投资减值准备		4 500				4 500
固定资产减值准备		190 000	125 000	20 000		85 000
累计摊销		240 000		80 000		320 000
短期借款		500 000	200 000			300 000
应付账款		760 000	85 000			675 000
应付票据		250 000	150 000			100 000
应交税费		40 800	277 233	374 950		138 517
应付利息		12 000	10 000	22 000		24 000
其他应付款		65 000				65 000
长期借款		1 800 000	850 000	670 500		1 620 500
递延所得税负债		8 000		12 400		20 400

(续表 4-3)

账 户	期初余额		本期发生额		期末余额	
	借方	贷方	借方	贷方	借方	余额
股本		1 000 000				1 000 000
盈余公积		150 000		21 567		171 567
未分配利润		90 000	102 712	143 780		131 068
本年利润			1 542 000	1 542 000		0
累计折旧		600 000	485 000	120 000		235 000
资本公积		3 428 800				3 428 800
其他综合收益		4 500		7 500		12 000
应付职工薪酬		51 000	1 037 000	1 037 000		51 000
应付股利				81 145		81 145
管理费用			224 700	224 700	0	
制造费用			247 600	247 600	0	
财务费用			56 500	56 500	0	
销售费用			28 000	28 000	0	
生产成本			1 123 600	1 123 600	0	
税金及附加			21 250	21 250	0	
固定资产清理			440 000	440 000	0	
投资收益			40 000	40 000		0
所得税费用			59 600	59 600	0	
公允价值变动损益			2 000	2 000		0
待处理财产损益			30 000	30 000	0	
主营业务收入			1 500 000	1 500 000		0
主营业务成本			900 000	900 000	0	
营业外支出			30 000	30 000	0	
资产处置损益			40 000	40 000	0	
信用减值损失			6 980	6 980	0	
资产减值损失			31 190	31 190	0	
合计	9 209 100	9 209 100	17 176 382	17 176 382	8 491 167	8 491 167

2. 根据相关资料,北方公司有关利润表项目金额计算如下:
营业收入＝"主营业务收入"贷方发生额合计＝1 500 000
营业成本＝"主营业务成本"借方发生额合计＝900 000
税金及附加＝"税金及附加"借方发生额合计＝21 250
销售费用＝"销售费用"借方发生额合计＝28 000
管理费用＝"管理费用"借方发生额合计＝224 700
财务费用＝"财务费用"借方发生额合计＝56 500
资产减值损失＝"资产减值损失"借方发生额合计＝31 190
公允价值变动收益＝"公允价值变动损益"贷方发生额合计＝2 000
投资收益＝"投资收益"贷方发生额合计＝40 000
营业外支出＝"营业外支出"借方发生额合计＝30 000
所得税费用＝"所得税费用"借方发生额合计＝59 600

(三) 北方公司20×3年利润表(如表4-4所示)

表4-4 利 润 表

会企02表

编制单位:北方公司　　　　20×8年12月　　　　　　　　单位:元

项　　目	本期金额	上期金额
一、营业收入	1 500 000	
减:营业成本	900 000	
税金及附加	21 250	
销售费用	28 000	
管理费用	224 700	
研发费用	—	
财务费用	56 500	
其中:利息费用	56 500	
利息收入	—	
资产减值损失	31 190	
信用减值损失	6 980	
加:其他收益		
投资收益(损失以"—"号填列)	40 000	
其中:对联营企业和合营企业的投资收益	—	

(续表 4-4)

项目	本期金额	上期金额
净敞口套期收益(损失以"-"号填列)	—	
公允价值变动收益(损失以"-"号填列)	2 000	
资产处置收益(损失以"-"号填列)	-40 000	
二、营业利润(亏损以"-"号填列)	233 380	
加:营业外收入	—	
减:营业外支出	30 000	
三、利润总额(亏损总额以"-"号填列)	203 380	
减:所得税费用	59 600	
四、净利润(净亏损以"-"号填列)	143 780	
五、其他综合收益的税后净额	—	
六、综合收益总额	143 780	
七、每股收益		
(一)基本每股收益	0.143 8	
(二)稀释每股收益	0.143 8	

五、利润表项目编制实训

【练习 4-1】 根据练习 2-1 所列资料,完成表 4-5 华诚制衣有限公司 20×8 年 12 月利润表的本期金额栏。

表 4-5 利 润 表

会企 02 表

编制单位:华诚制衣有限公司　　　　20×8 年 12 月　　　　　　　　单位:元

项目	本期金额	上期金额
一、营业收入		
减:营业成本		
税金及附加		
销售费用		
管理费用		

（续表 4-5）

项　　　目	本期金额	上期金额
研发费用		
财务费用		
其中:利息费用		
利息收入		
资产减值损失		
信用减值损失		
加:其他收益		
投资收益(损失以"－"号填列)		
其中:对联营企业和合营企业的投资收益		
净敞口套期收益(损失以"－"号填列)		
公允价值变动收益(损失以"－"号填列)		
资产处置收益(损失以"－"号填列)		
二、营业利润(亏损以"－"号填列)		
加:营业外收入		
减:营业外支出		
三、利润总额(亏损总额以"－"号填列)		
减:所得税费用		
四、净利润(净亏损以"－"号填列)		
五、其他综合收益的税后净额		
六、综合收益总额		
七、每股收益		
（一）基本每股收益		
（二）稀释每股收益		

第五章　现金流量表项目编制单项实训

一、实训目的

现金流量表是反映企业在一定会计期间现金和现金等价物流入与流出情况的报表。通过现金流量表,可以为信息使用者提供企业一定会计期间内有关现金流入和流出的信息,以便会计报告使用者了解和评价企业获取现金和现金等价物的能力,并据以预测企业未来现金流量。报表使用者利用这些信息,可以评估企业以下方面的事项:

(1) 企业在未来会计期间产生净现金流量的能力;
(2) 企业偿还债务及支付企业所有者投资报酬(如股利)的能力;
(3) 企业的利润与经营活动所产生的净现金流量发生差异的原因;
(4) 会计年度内影响或不影响现金的投资活动与筹资活动。

现金流量表项目编制单项实训的目的是使学生理解现金流量表的构成,掌握现金流量表编制数据来源,具备独立编制现金流量表的能力。

二、实训内容

根据企业在一定时期内发生的经济业务,分析企业财务状况、经营成果,完成现金流量表。现金流量表的格式见表 5-1。

表 5-1　现金流量表

会企03表

编制单位:　　　　　　　　　　　　　年　　月　　　　　　　　　　　　单位:元

项目	本期金额	上期金额
一、经营活动产生的现金流量		
销售商品、提供劳务收到的现金		
收到的税费返还		

(续表 5-1)

项　　　目	本期金额	上期金额
收到其他与经营活动有关的现金		
经营活动现金流入小计		
购买商品、接受劳务支付的现金		
支付给职工以及为职工支付的现金		
支付的各项税费		
支付其他与经营活动有关的现金		
经营活动现金流出小计		
经营活动产生的现金流量净额		
二、投资活动产生的现金流量		
收回投资收到的现金		
取得投资收益收到的现金		
处置固定资产、无形资产和其他长期资产收回的现金净额		
处置子公司及其他营业单位收到的现金净额		
收到其他与投资活动有关的现金		
投资活动现金流入小计		
购建固定资产、无形资产和其他长期资产支付的现金		
投资支付的现金		
取得子公司及其他营业单位支付的现金净额		
支付其他与投资活动有关的现金		
投资活动现金流出小计		
投资活动产生的现金流量净额		
三、筹资活动产生的现金流量		
吸收投资收到的现金		
取得借款收到的现金		
收到其他与筹资活动有关的现金		
筹资活动现金流入小计		
偿还债务支付的现金		

(续表 5-1)

项　　　目	本期金额	上期金额
分配股利、利润或偿付利息支付的现金		
支付其他与筹资活动有关的现金		
筹资活动现金流出小计		
筹资活动产生的现金流量净额		
四、汇率变动对现金及现金等价物的影响		
五、现金及现金等价物净增加额		
加:期初现金及现金等价物余额		
六、期末现金及现金等价物余额		

三、实训指导

(一)现金流量表的编制基础

1. 现金流量的概念

现金流量是指企业某一期间内现金和现金等价物的流入和流出,即现金和现金等价物的收入和支出。

"现金"是指企业的库存现金以及可以随时用于支付的存款(包括银行存款和其他货币资金),但不包括不能随时支取的存款。"现金等价物"是指企业持有的期限短、流动性强、易于转换为已知金额的现金和价值变动风险很小的投资。"期限短"一般是指从购买日起三个月内到期。现金等价物通常包括三个月到期的债券投资。例如,企业于20×8年11月1日从证券市场购入20×6年1月1日发行的期限为三年的国债,购买时还有两个月到期,则这项国债在编制现金流量表时被视为现金等价物。但要注意,由于权益性投资变现的金额通常不确定,所以短期的权益性投资不属于现金等价物。

2. 现金流量的影响因素

一般来说,能够引起企业现金流量净额发生变化的交易或事项,均应纳入当年的现金流量表编制范围。企业日常经营业务是影响现金流量的重要因素,但并不是所有的交易或事项都影响现金流量。企业的交易或事项按其与现金流量的关系进行划分,可以分为三类:

(1)现金各项目之间的增减变动(包括现金与现金等价物之间的增减变动)

现金流量表编制中,现金各项目主要是指库存现金、银行存款、其他货币资金及现金等价物四项。现金各项目之间增减变动,在增加现金流入量的同时,也增加了现金流出量,不会影响现金净流量的增减变动。例如从银行提取现金、将现金存入银行、用现金购入两个月到期的债券等,均属于现金各项目之间内部资金转换,不会引起企业当期现金净流量的变化,也不会对现金流量表项目产生影响。

(2) 非现金各项目之间的增减变动

非现金项目是指除了库存现金、银行存款、其他货币资金及现金等价物以外的其他会计事项,如固定资产、无形资产等。非现金各项目之间的增减变动,不涉及现金的收支,不会影响现金净流量的增减变动。例如用固定资产清偿债务、用原材料对外投资、提取固定资产折旧等会计事项,均属于非现金各项目之间的增减变动,不涉及现金的收支,不会引起当期现金净流量的增减变动,也不会对现金流量表项目产生影响。

(3) 现金各项目与非现金各项目之间的增减变动

现金各项目与非现金各项目之间的增减变动,只会引起现金流入量或现金流出量的单方面变化,会引起现金净流量的增加或减少。例如用库存现金支付购买原材料款项,企业非现金项目原材料增加,现金项目库存现金减少,现金流出量增加,企业现金净流量减少;又如企业出售固定资产,企业非现金项目固定资产减少,现金项目银行存款增加,现金流入量增加,企业的现金净流量增加。凡是现金项目与非现金项目之间的增减变动,都会引起现金净流量发生变化,会引起现金流量表项目变动。

3. 现金流量的分类

企业在一定时期内的现金流入和流出是由企业的各种业务活动产生的,现金流量表有助于评价企业支付能力、偿债能力和周转能力;有助于预测企业未来现金流量;有助于分析企业收益质量及影响现金净流量的因素。编制现金流量表时,首先要对企业的业务活动进行合理分类,并据此对现金流量进行适当分类。我国《企业会计准则第31号——现金流量表》将企业的业务活动按其发生的性质分为经营活动、投资活动和筹资活动,为了在现金流量表中反映企业在一定时期内现金净流量变动的原因,相应地将企业一定期间产生的现金流量归为三类:

(1) 经营活动产生的现金流量。经营活动是指企业发生的投资活动和筹资活动以外的交易和事项,包括销售商品或提供劳务、经常性租赁、购买货物、接受劳务、制造产品、广告宣传、推销产品、缴纳税款等。

经营活动产生的现金流入项目主要有:销售商品、提供劳务收到的现金,收到的税费返还,收到的其他与经营活动有关的现金。

经营活动产生的现金流出项目主要有:购买商品、接受劳务支付的现金,支付给职工以及为职工支付的现金,支付的各项税费,支付的其他与经营活动有关的现金。

各类企业由于行业特点不同,对经营活动的认定存在一定差异,在编制现金流量表时,应根据企业的实际情况,对现金流量进行合理归类。例如,利息支出在工商企业应作为筹资活动,而在金融企业,利息支出是其经营活动的主要支出,应列入经营活动产生的现金流量。在本次实训中,涉及的经济业务以工业企业为例。

(2) 投资活动产生的现金流量。投资活动是指企业固定资产、在建工程、无形资产、其他资产等持有期限在一年或一个营业周期以上的资产的购建和不包括在现金等价物范围内的股票、债券投资及其处置活动。现金流量表中的投资活动既包括实物资产投资,也包括无形资产、金融资产投资。

投资活动产生的现金流入项目主要有:收回投资所收到的现金,取得投资收益所收到的现金,处置固定资产、无形资产和其他长期资产所收回的现金净额,收到的其他与投资活动有关的现金。

投资活动产生的现金流出项目主要有:购建固定资产、无形资产和其他长期资产所支付的现金,投资所支付的现金,支付的其他与投资活动有关的现金。

购买和处置子公司或其他营业单位属于投资活动,其产生的现金流量,应在现金流量表中"投资活动产生的现金流量"类别下"投资所支付的现金"或"收回投资所收到的现金"项目下反映。整体购买一个单位,其结算方式是多种多样的,购买方可以全部以现金支付或一部分以现金支付而另一部分以实物清偿。企业购买子公司或其他营业单位是整体交易,子公司和其他营业单位除有固定资产、存货等非现金资产,还可能持有现金和现金等价物。此时,整体购买子公司或其他营业单位的现金流量,就应以购买出价中以现金支付部分减去子公司或其他营业单位持有的现金和现金等价物后的净额反映。同时,在现金流量表附注中以总额披露当期购买和处置子公司及其他营业单位的下列信息:购买或处置价格;购买或处置价格中以现金支付的部分;购买或处置子公司或其他营业单位所取得的现金及现金等价物;购买或处置子公司或其他营业单位所取得的主要非现金资产和负债。

(3) 筹资活动产生的现金流量。筹资活动是指导致企业资本及债务规模和构成发生变化的活动,包括吸收投资、发行股票、分配利润等。

筹资活动产生的现金流入项目主要有:吸收投资所收到的现金,取得借款所收到的现金,收到的其他与筹资活动有关的现金。

筹资活动产生的现金流出项目主要有:偿还债务所支付的现金,分配股利、利润或偿付利息所支付的现金,支付的其他与筹资活动有关的现金。

4. 企业业务对现金流量影响的案例

引起现金净流量发生变化的经济业务,均应列入现金流量表的编制范围;不影响现金净流量变化的经济业务,不应列入现金流量表。因此,现金各项目与非现金各项目之间增减变动的交易或事项列入现金流量表的编制范围;现金各项目内部的增减变动与非现金各项目之间的增减变动,因其不影响企业的现金净流量,因此不反映在现金流量表中。但属于重要的投资和筹资活动,在现金流量表的补充资料中单独反映,如债务转为资本,融资租入固定资产等类似情况。

【例 5-1】 某企业发生下列经济业务:

(1) 购入原材料一批,材料价款 100 000 元,增值税专用发票列明的增值税额为 16 000 元,企业以支票支付,材料已到并验收入库。

(2) 销售产品一批,销售价款 400 000 元,开出增值税专用发票列明的增值税额为 64 000 元。产品已发出,企业已经办好托收手续。

(3) 转让一项交易性金融资产,该项资产的账面价值为 180 000 元,转让收入 200 000 元已存入银行。

(4) 收到银行通知后,用银行存款支付到期的商业承兑汇票款 120 000 元。

(5) 购入不需安装的设备一台,价款 100 000 元,增值税专用发票列明的增值税为 16 000 元,价税均以银行存款支付,设备已交付使用。

(6) 从银行借入三年期借款 600 000 元,借款已存入银行账户,该项借款用于购建固定资产。

(7) 以银行存款支付产品宣传费 5 000 元。

(8) 收回应收账款 200 000 元,已存入银行。

(9) 购入低值易耗品 600 元,已验收入库,以银行存款付讫。

(10) 预提短期借款利息 4 800 元。

(11) 在建工程领用工程用材料 200 000 元,用于工程建设。

(12) 购入在建工程用材料一批,价款 200 000 元,增值税专用发票列明的增值税款为 32 000 元,企业已开出三个月的商业承兑汇票。

(13) 在建工程应负担的工程人员应付工资 50 000 元,应付职工福利费 7 000 元。

(14) 以银行存款偿还到期的长期借款本金 600 000 元,利息 150 000 元。

(15) 提取现金 200 000 元,准备发放工资。

(16) 支付工资 200 000 元。

在该企业发生的业务中,属于现金项目与非现金项目之间的增减变动,会导致企业现金净流量发生变化,应列入现金流量表编制范围的业务有(1)、(3)、(4)、(5)、(6)、(7)、(8)、(9)、(14)、(16)笔业务。其中(1)、(4)、(7)、(8)、(9)、(16)笔业务涉及经营活动现金流量;(3)、(5)笔涉及投资活动现金流量;(6)、(14)笔业务涉及筹资活动现金流量。

第(2)、(10)、(11)、(12)、(13)笔业务属于非现金项目之间的变化,对企业的现金流量净额没有产生影响,不列入现金流量表的编制范围。第(15)笔业务属于现金内部项目之间的增减变化,并未引起现金净流量发生变化,也不列入现金流量表。

（二）经营活动现金流量的编制说明

1."销售商品、提供劳务收到的现金"项目,反映企业销售商品、提供劳务实际收到的现金,包括销售收入和应向购买者收取的增值税销项税额。本项目一般包括:收回当期销售货款和劳务收入、收回前期销售货款和劳务收入、预收下期的销售货款和劳务收入等。本项目可根据"库存现金""银行存款""应收账款""应收票据""预收账款""主营业务收入""其他业务收入"等账户的记录分析填列。

（1）根据本期实际发生的经济业务为依据计算填列

以本期实际发生的经济业务为依据计算填列需要注意以下几点:

① 本项目不仅包括收到的货款,还包括收到的增值税销项税额;

② 企业销售材料和代购代销业务收到的现金,也在本项目中反映;

③ 企业发生销货退回而支付的现金,从本项目中扣除;

④ 企业报告期内收回以前已核销的坏账,也包括在本项目内;

⑤ 如果企业发生了按税法规定应视同销售的业务,如将商品用于工程项目,则相应的销项税额应减去,因为这部分销项税额没有相应的现金流入,也与应收账款或应收票据无关。

销售商品、提供劳务收到的现金＝当期销售商品、提供劳务收到的现金收入（包括收入价款和增值税销项税额）＋当期收回货币资金的应收账款＋当期收回货币资金的应收票据＋当期收到的预收账款－当期销售退回而支付的货币资金＋当期收回前期核销的坏账损失

【例5-2】 华诚制衣有限公司20×7年12月发生下列经济业务:

① 12月2日,收到大明公司转账支票一张,金额为32 000元,偿还前欠货款（大明公司开户银行:交通银行;账号:12345678）。

② 12月9日,向大明公司销售混纺毛衣150件,单价300元,货款45 000元,纯毛毛衣100件,单价380元,货款38 000元。增值税税率16%,税款13 280元。货款及税款尚未收到（大明公司税务登记证号:120160654312;地址:滨海市1号路16号;电话:321456）。

③ 12月11日,收到银行的进账通知,由华美公司开出并承兑的应收票据到期,款项24 000元已经划入银行存款账户（华美公司开户银行:工商银行滨海支行;账号:87564321）。

④ 12 月 16 日,向华美公司销售纯毛毛衣 200 件,单价 380 元,金额 76 000 元;混纺毛衣 200 件,单价 300 元,金额 60 000 元。增值税税率 16%,税款 21 760 元。货款尚未收到(华美公司税务登记证号:120166765489;地址:滨海市建设路 8 号;电话:8321265)。

⑤ 12 月 19 日,收到大明公司前欠货款 96 280 元,存入银行。

⑥ 12 月 26 日,向泰隆针织公司销售纯毛毛线 40 千克,单位售价 300 元,销项税率 16%,税额 1 920 元,款项收到存入银行(泰隆针织公司地址:南丰路 1 号;电话:27658311;纳税人识别号:12000644214;开户银行:工行南丰分行;账号:87654321)。

⑦ 12 月 27 日,向大明公司销售混纺毛衣 100 件,单价 300 元,货款 30 000 元;纯毛毛衣 100 件,单价 380 元,货款 38 000 元。增值税税率 16%,税款 10 880 元。货款及税款尚未收到。

⑧ 12 月 27 日,收到华美公司开出的 10 万元转账支票一张,偿还前欠货款。

销售商品、提供劳务收到现金 = ①32 000 + ③24 000 + ⑤96 280 + ⑥13 920 + ⑧100 000 = 266 200(元)

编制调整分录为:

借:经营活动现金流量——销售商品、提供劳务收到现金　　266 200
　　应收账款　　104 640
　贷:主营业务收入　　287 000
　　其他业务收入　　12 000
　　应交税费——应交增值税(销项税额)　　47 840
　　应收票据　　24 000

(2) 根据本期资产负债表和利润表为依据计算填列

如果一个企业经济业务繁多,根据实际发生的经济业务为依据计算填列本项目比较烦琐,更便利的是根据本期资产负债表和利润表项目为依据计算填列"销售商品、提供劳务收到的现金"项目。采用根据资产负债表相关项目期初、期末余额和利润表相关项目发生金额分析填列。

以资产负债表和利润表为基础计算填列本项目时,是以权责发生制下的主营业务收入、其他业务收入和应交增值税销项税额为计算起点,将其中实现销售但未收到现金的金额(即应收账款、应收票据的增加或预收账款的减少)减去,将本期收到现金但未包括在收入中的金额(应收账款、应收票据的减少或预收账款的增加)加上,同时调整特殊项目就可以计算出销售商品、提供劳务收到的现金。该方法的实质是将权责发生制下收入等项目的金额调整为收付实现制下的"销售商品、提供劳务收到的现金"项目的金额。

销售商品、提供劳务收到的现金＝利润表中"营业收入"项目金额＋应交增值税（销项税额）的发生额＋应收票据的减少（期初余额－期末余额）＋应收账款的减少（期初余额－期末余额）＋预收账款的增加（期末余额－期初余额）＋或－特殊调整项目

分析填列本项目要注意：

① 若当期应收账款发生了增加，则应收账款"期初余额－期末余额"为负数，说明产品实现销售时发生了赊销，货款未全部收回，"销售商品、提供劳务收到的现金"减少。

② 同理，若当期应收票据发生了增加，则应收票据"期初余额－期末余额"为负数，"销售商品、提供劳务收到的现金"减少。

③ 特殊调整项目是指，如果应收账款、应收票据、预收账款和应交增值税（销项税额）的发生与企业的销售商品、提供劳务无关，这些项目就要做特殊处理。如果企业采用备抵法核算坏账，且本期发生了坏账，或有坏账回收，则在计算销售商品、提供劳务收到的现金时，本期发生的坏账会导致应收账款减少，但却没有带来现金流量的增加，故应作为特殊调整项目减去；同理，若发生坏账回收，则应作为特殊调整项目加上，因为坏账回收有现金流入，但与企业收入无直接关系，且不影响应收账款余额。如果企业本期有应收票据贴现，发生了贴现息，则应收票据贴现息应作为调整项目减去。因为贴现息的发生，在减少应收票据的同时，减少了现金的流入。如果企业发生了按税法规定的视同销售的业务，如将库存商品用于债务重组、非货币性资产交换等，则应将相应的增值税销项税额作为特殊项目减去，因为这部分销项税额没有相应的现金流入，也与应收账款或应收票据无关。

【例 5-3】 华诚制衣有限公司 20×7 年 12 月有关资料如下：

① 利润表中"营业收入"项目的金额为 299 000 元；
② "应交税费——应交增值税（销项税额）"的贷方发生额为 50 830 元；
③ 资产负债表中"应收账款"期初余额为 32 000 元，期末余额为 138 680 元；
④ 资产负债表中"应收票据"期初余额为 24 000 元，期末余额为 0 元。

销售商品、提供劳务收到的现金＝299 000＋50 830＋(32 000－138 680)＋(24 000－0)＝267 150(元)

2. "收到的税费返还"项目，反映企业收到返还的各种税费，包括收到返还的增值税、所得税、消费税、关税和教育费附加返还款等。各项返还的税费按实际收到的款项在本项目中反映。

确定该项目的金额，需根据"应交税费"账户下所属各明细分类账的贷方发生额，并结合"库存现金""银行存款""税金及附加""补贴收入""应收补贴款"等账户的发生额分析填列。

【例5-4】 甲企业前期出口商品一批,已交纳增值税,按规定应退增值税5 000元,前期未退,本期收到并存入银行;本期收到的教育费附加返还款31 000元存入银行。

收到的税费返还＝5 000＋31 000＝36 000(元)

3. "收到的其他与经营活动有关的现金"项目,反映企业与销售商品、提供劳务收到的现金、收到的税费返还现金无关,但与经营活动有关的其他现金流入,如罚款收入、流动资产损失中由个人赔偿的现金收入、收到的经营租赁租金、收到的押金、收到退还的其他应收款等。

本项目所包括的内容比较复杂,要通过分析"库存现金""银行存款"等账户的借方发生额确定,由于没有固定的账户对应关系,分析起来有一定难度。不过企业涉及此类现金流入的经济业务一般较少。

【例5-5】 华诚制衣有限公司在20×7年12月有关资料如下:

① 12月12日,行政部刘明报销差旅费1 437.50元,余款退回(原借款1 500元);

② 12月15日,收到红光运输公司金额为1 825.50元的转账支票一张,系该公司支付的违约罚款(红光运输公司开户银行:招商银行;账号:10938221;行号:821)。

收到的其他与经营活动有关的现金＝62.50＋1 825.50＝1 888(元)

4. "购买商品、接受劳务支付的现金"项目,反映企业因购买商品、材料、接受劳务实际支付的货款和增值税进项税额,具体包括:当期购买商品支付的现金、当期支付的前期购买商品的应付款以及为购买商品而预付的现金等。本项目可根据"库存现金""银行存款""应付账款""应付票据""预收账款""主营业务成本"等账户分析填列。

(1) 根据本期实际发生的经济业务为依据计算填列

在填写本项目时需注意以下几点:

① 本项目不仅包括支付的购货款,还包括支付的增值税进项税额;

② 企业购进商品退回而收到的退回现金,从本项目中扣除;

③ 本项目只反映购入的用于生产、销售的材料、商品而支付的价税,用于在建工程的工程材料所支付的价税不在本项目中反映,计入投资活动的"购建固定资产、无形资产和其他长期资产所支付的现金"项目。

购买商品、接受劳务支付的现金＝当期购买商品、接受劳务支付的现金(包括买价和增值税进项税额)＋当期支付前期的应付账款＋当期支付前期的应付票据＋当期支付的预付账款－当期购货退回而收到的现金

【例5-6】 华诚制衣有限公司在20×7年12月有关资料如下:

① 12月1日,开出转账支票一张,偿还前欠新华纺织有限公司货款23 400元。

② 12月3日,向新华纺织有限公司购入混纺毛线一批200千克,单价200元,货款40 000元,增值税率16%,税款6 400元。开出转账支票一张支付货款及税款,材料尚未运到。

③ 12月8日,向新华纺织有限公司购入纯毛毛线300千克,单价280元,货款84 000元,增值税率16%,税款13 440元。货款未付,纯毛毛线已运到,并验收入库。

④ 12月14日,用银行存款偿还前欠新华纺织有限公司货款49 780元。

⑤ 12月18日,支付生产部机器设备修理费400元,用现金支付。

⑥ 12月21日,车间技术员齐铭外出开会报销差旅费267.50元,用现金支付。

⑦ 12月28日,用银行存款支付自来水公司水费360.40元,其中生产车间应负担水费280元,行政管理部门应负担水费60元,增值税20.40元。

⑧ 12月28日,用银行存款支付电费1 614.60元,其中生产车间应负担电费1 120元,行政管理部门应负担电费260元,增值税额234.60元。

⑨ 12月30日,用银行存款支付电话费1 860元,其中生产车间应负担电话费320元,行政管理部门应负担电话费1 540元。

⑩ 12月31日,按2.50‰的折旧率计提本月固定资产折旧费2 375元,其中生产车间应计提折旧费1 662.50元,行政管理部门应计提折旧费712.50元。

购买商品、接受劳务所支付的现金=①23 400+②46 400+④49 780+⑤400+⑥267.50+⑦280+⑦20.40+⑧1 120+⑧234.60+⑨320=122 222.50(元)

(2) 根据本期的资产负债表和利润表为依据计算填列

若企业当期发生业务繁多,根据本期实际发生的经济业务为依据计算填列"购买商品、接受劳务支付的现金"工作量繁杂,采用根据本期的资产负债表和利润表为依据计算填列本项目可简化处理过程。以资产负债表和利润表项目为基础计算填列"购买商品、接受劳务支付的现金"项目时,是以权责发生制下的营业成本和增值税进项税额为计算起点,将其中实际未支付现金的金额减去,将已支付现金但未包括在营业成本中的金额加上,同时调整特殊项目就可计算出"购买商品、接受劳务支付的现金"项目金额。该方法的实质是将权责发生制下成本等项目的金额调整为收付实现制下的"购买商品、接受劳务支付的现金"项目的金额。

购买商品、接受劳务支付的现金=利润表中"营业成本"项目金额+应交增值税(进项税额)的发生额+存货的增加(期末余额—期初余额)+应付票据的减少(期初余额—期末余额)+应付账款的减少(期初余额—期末余额)+预付账款的增加(期末余额—期初余额)+(或—)特殊调整项目

分析填列本项目时应注意:

① 根据本期资产负债表和利润表项目为依据计算"购买商品、接受劳务支付的现金"加上的是存货的增加,若当期存货发生了减少,则期末余额小于期初余额,"期末余额－期初余额"为负值,也即减去存货的减少;同理,在计算"购买商品、接受劳务支付的现金"时,应减去应付票据的增加(期末余额－期初余额);减去应付账款的增加(期末余额－期初余额);减去预付账款的减少(期初余额－期末余额)。

② 公式中的"特殊调整项目"是指,如果应付票据、应付账款、预付账款和存货的发生与企业购买商品、提供劳务项目无关,这些项目要做特殊处理。例如工程领用本企业产品等非经营活动引起的存货的减少、当期实际发生的制造费用(不包括消耗的物料)、生产成本中包括的生产工人工资、以非现金和非存货资产抵债导致的应付款项的减少、应收账款与应付账款的对冲等特殊项目。

【例5-7】 华诚制衣有限公司在20×7年12月有关资料如下:

① 利润表中,"营业成本"项目的金额为179 926元;

② "应交税费——应交增值税(进项税额)"的发生额为29 835元,其中有8 500元"应交税费——应交增值税(进项税额)"的发生额是购买固定资产而发生的;

③ 资产负债表中,"存货"期初余额为162 383.60元,期末余额为152 157.60元;

④ 资产负债表中,"应付账款"期初余额为23 400元,期末余额为48 500元;

⑤ 资产负债表中,"预付账款"期初余额为3 800元,期末余额为22 800元,为预付专设销售机构房屋租赁费;

⑥ 制造费用中,本期计提折旧费用发生额为1 662.50元,本期车间管理人员工资为4 150元;

⑦ 生产成本中,生产工人工资费用为37 500元。

购买商品、接受劳务支付的现金＝①179 926＋②29 835－②8 500－③(162 383.60－152 157.60)－④(48 500－23 400)－⑥(1 662.50＋4 150)－⑦37 500＝122 622.50(元)

5."支付给职工以及为职工支付的现金"项目,反映企业实际支付给职工以及为职工支付的现金,包括本期实际支付给职工的工资、奖金、各种津贴和补贴等,以及为职工支付的其他费用。本项目根据"库存现金""银行存款""应付职工薪酬"等账户的记录分析填列。填列本项目应注意以下几点:

① 本项目不包括支付给离退休人员的各项费用,企业支付给离退休人员的各项费用,包括支付的统筹退休金以及未参加统筹的退休人员的费用,在经营活动的"支付的其他与经营活动有关的现金"项目中反映;

② 本项目不包括支付给在建工程人员的工资,企业支付给在建工程人员的工

资,在投资活动的"购建固定资产、无形资产和其他长期资产所支付的现金"项目中反映;

③ 企业为职工支付的养老、失业等社会保险基金、补充养老保险、住房公积金、支付给职工的住房困难补助,以及企业支付给职工以及为职工支付的其他福利费用等,应按职工的工作性质和服务对象,分别在"支付给职工以及为职工支付的现金"项目以及"购建固定资产、无形资产和其他长期资产所支付的现金"项目中反映。

【例5-8】 华诚制衣有限公司在20×7年12月支付工资情况为:
① 12月10日,以现金支付工资53 280元;
② 本月职工工资分配情况:生产混纺毛衣职工工资16 900元,生产纯毛毛衣职工工资20 600元,车间管理人员工资4 150元,厂部管理人员工资11 630元。
支付给职工以及为职工支付的现金＝①53 280(元)

6. "支付的各项税费"项目,反映企业当期实际上缴税务部门的各种税费,包括本期发生并实际支付的税费和本期支付以前各期发生的税费以及预付的税费。例如支付的所得税、支付给税务机关的增值税、教育费附加、矿产资源补偿费、印花税、房产税、车船使用税等。本项目根据"库存现金""银行存款""应交税费"等账户的记录分析填列。

填列本项目需注意以下几点:
① 本项目的增值税反映向税务机关交纳的已交税费,可根据"应交税费——应交增值税(已交税金)"项目填列,企业购入商品、接受劳务时支付的增值税进项税额不在本项目反映,列入"购买商品、接受劳务支付的现金"项目;
② 本项目中不包括计入固定资产价值,实际支付的增值税、耕地占用税等税种,实际支付的耕地占用税列入投资活动的"购建固定资产、无形资产和其他长期资产所支付的现金"项目;
③ 本项目不包括本期退回的增值税、所得税等相关税费,本期退回的增值税、所得税在"收到的税费返还"项目反映。

【例5-9】 华诚制衣有限公司在20×7年12月交纳税费资料如下:
① 12月3日,向新华纺织有限公司购入混纺毛线一批200千克,单价200元,货款40 000元,增值税率16%,税款6 400元。开出转账支票一张支付货款及税款,材料尚未运到。
② 12月7日,用银行存款支付上月未交增值税5 600元,应缴城市维护建设税392元,应缴教育费附加168元。
③ 12月8日,向新华纺织有限公司购入纯毛毛线300千克,单价280元,货款84 000元,增值税率16%,税款13 440元。货款未付,纯毛毛线已运到,并验收

入库。

支付的各项税费＝②5 600＋②392＋②168＝6 160(元)

7. "支付的其他与经营活动有关的现金"项目,反映企业除上述项目外,支付的其他与经营活动有关的现金流出,例如罚款支出、支付的差旅费、业务招待费、支付的保险费等。其他现金流出如果价值较大,应单列项目反映。本项目可根据"管理费用""销售费用""营业外支出"等项目分析填列。

【例 5-10】 华诚制衣有限公司在 20×7 年 12 月有关资料如下:

① 利润表中,"销售费用"项目的金额为 8 300 元;

② 利润表中,"管理费用"项目的金额为 16 000 元;

③ 利润表中,"营业外支出"项目的金额为 10 000 元,为用银行存款支付的捐款;

④ 资产负债表中,"预付账款"期初余额为 3 800 元,期末余额为 22 800 元,是预付专设销售机构房屋租赁费;

⑤ 管理费用中,本期行政管理部门计提折旧费用发生额为 712.50 元,行政人员暂借差旅费报销 1 437.50 元,厂部管理人员工资 11 630 元;

⑥ 职工高山出差暂借差旅费 1 000 元。

支付的其他与经营活动有关的现金＝①8 300＋②16 000＋③10 000＋④(22 800－3 800)－⑤712.50－⑤1 437.50－⑤11 630＋⑥1 000＝40 520(元)

(三) 投资活动现金流量的编制说明

(1) "收回投资所收到的现金"项目,反映企业出售、转让或到期收回除现金等价物以外的交易性金融资产、长期股权投资而收到的现金,以及收回持有至到期投资本金而收到的现金。本项目可根据"交易性金融资产""长期股权投资""持有至到期投资""库存现金""银行存款"等账户的记录分析填列。填列本项目应注意以下事项:

① 转让交易性金融资产、长期股权投资的投资本金及与投资本金一起实际取得的投资收益均在本项目反映;

② 收回持有至到期投资的本金在本项目反映,不包括持有至到期投资收回的利息以及收回的非现金资产,与本金一起收回的利息列入"取得投资收益所收到的现金"项目。

【例 5-11】 甲企业本年发生如下与投资活动现金流入有关的经济业务:

① 企业将持有的交易性金融资产出售,交易性金融资产本金为 25 000 元,收回本金 25 000 元,投资收益 5 000 元,均存入银行;

② 企业因调整投资策略,出售一项长期股权投资,该投资本金为 500 000 元,

转让收入为 480 000 元,已存入银行;

③ 企业将某项持有至到期投资出售,该项投资的本金为 300 000 元,企业出售该项投资,收回的全部投资金额为 350 000 元,其中 50 000 元是债券利息;

④ 企业将持有长期股权投资期间,实际分得的现金股利 30 000 元存入银行。

收回投资所收到的现金 = ①(25 000 + 5 000)+ ② 480 000 + ③ 300 000 = 810 000(元)

(2)"取得投资收益所收到的现金"项目,反映企业持有股权投资而实际收到的现金股利或利润,以及因债权性投资所取得的现金利息收入。本项目根据"库存现金""银行存款""投资收益"等账户记录分析填列。但填列本项目应注意以下几项:

① 该项目不包括企业因持有股权投资而实际获得的股票股利;

② 该项目还包括从子公司、联营企业和合营企业分回利润收到的现金。

【例 5-12】 上例中,取得投资收益所收到的现金 = ③ 50 000 + ④ 30 000 = 80 000(元)

(3)"处置固定资产、无形资产和其他长期资产收回的现金净额"项目,反映企业出售固定资产、无形资产和其他长期资产所取得的现金,减去为处置这些资产而支付的有关费用后的净额。处置固定资产、无形资产和其他长期资产所收到的现金,与处置活动支付的现金,两者在时间上比较接近,以净额反映更能反映处置活动对现金流量的影响。本项目根据"库存现金""银行存款""固定资产清理"等账户记录分析填列。填列本项目还应注意:

① 由于自然灾害等原因所造成的固定资产等长期资产的报废、毁损而收到的保险赔偿收入,也在本项目中反映;

② 如果处置固定资产、无形资产和其他长期资产内所收回的现金净额为负数,则应作为投资活动产生的现金流量,在"支付的其他与投资活动有关的现金"项目中反映。

【例 5-13】 企业报废设备一台,设备的原价 120 000 元,已提折旧 110 000 元,以现金支付清理费用 2 000 元,收到报废设备变现残值收入 2 500 元,该设备清理完毕。

处置固定资产、无形资产和其他长期资产收到的现金 = 2 500 - 2 000 = 500(元)

(4)"处置子公司及其他营业单位收到的现金净额"项目,反映企业处置子公司和其他营业单位所取得的现金减去相关处置费用,以及子公司与其他营业单位所持有的现金和现金等价物后的净额。

(5)"收到其他与投资活动有关的现金"项目,反映企业除上述各项目外,收到的其他与投资活动有关的现金流入。例如收到投资时所支付的已宣告发放但尚未领取的现金股利或已到期但尚未领取的债券利息,其他现金流入如果价值较大,应单列项目反映。本项目可根据有关科目的记录分析填列。

【例 5-14】 格林达公司 20×7 年发生如下与投资活动有关的经济业务:

① 20×7 年 3 月 25 日从 A 股市场购入 G 公司 20×7 年 1 月 1 日发行的三年期债券 850 000 元,购买价中包含已到付息期但尚未领取的债券利息 2 000 元,购买该债券支付的交易费用为 850 元,款项以银行存款全额支付;

② 20×7 年 4 月 2 日,格林达公司收到 G 公司债券利息 2 000 元存入银行。

收到其他与投资活动有关的现金=②2 000(元)

(6)"购建固定资产、无形资产和其他长期资产所支付的现金"项目,反映企业为购建固定资产、无形资产和其他长期资产所支付的款项。购建固定资产包括购买机器设备所支付的现金及增值税、建造工程支付的现金、支付在建工程人员的工资等现金支出。购买无形资产支付的现金,包括企业购入或自创取得各种无形资产的实际支出。本项目根据"库存现金""银行存款""固定资产""无形资产""在建工程"等科目的记录分析填列。填列本项目需要注意以下几点:

① 本项目不包括融资租赁固定资产所支付的租金,融资租入固定资产所支付的租金,在筹资活动现金流量的"支付的其他与筹资活动有关的现金"项目中反映;

② 本项目不包括为购建固定资产而发生的借款利息的资本化部分,计入固定资产成本的资本化的借款利息,在筹资活动的"分配股利、利润或偿付利息所支付的现金"项目中反映;

③ 分期付款方式购建的固定资产,首次付款支付的现金在本项目中反映,以后各期支付的现金在筹资活动的"支付的其他与筹资活动有关的现金"项目中反映。

【例 5-15】 甲企业本年发生如下与固定资产有关的经济业务:

① 购入不需安装的设备一台,价款 80 000 元,增值税专用发票列明的增值税额为 12 800 元,包装费及运费为 1 000 元,价税及包装费、运费均以银行存款支付,设备已交付使用;

② 购入在建工程用材料一批,价款 100 000 元,增值税专用发票列明的增值税额为 16 000 元,已用支票支付;

③ 在建工程领用物资共 117 000 元;

④ 支付在建工程人员工资 23 000 元;

⑤ 计算工程应负担的长期借款利息 150 000 元,该借款利息已用银行存款支付;

⑥ 工程完工并交付使用,固定资产价值总额为 290 000 元。

购建固定资产、无形资产和其他长期资产所支付的现金＝①（80 000＋12 800＋1 000）＋②（100 000＋16 000）＋④23 000＝232 800（元）

（7）"投资活动支付的现金"项目，反映企业对外进行权益性投资和债权性投资所支付的现金，包括企业取得的除现金等价物以外的交易性金融资产、长期股权投资、持有至到期投资所支付的现金，以及支付的佣金、手续费等附加费用。本项目可根据"库存现金""银行存款""交易性金融资产""长期债权投资""长期股权投资"等账户的记录分析填列。在填列本项目时应注意：

① 企业购买债券的价款中含有债券利息的，以及溢价或折价购入的，均按实际支付的金额反映；

② 企业购买股票或债券时，实际支付价款中包含的已宣告发放但尚未领取的现金股利或已到期但尚未领取的债券利息，应在投资活动产生的现金流量部分的"支付的其他与投资活动有关的现金"项目反映；

③ 收回购买股票和债券时支付的已宣告发放但尚未领取的现金股利或已到期但尚未领取的债券利息，在投资活动现金流量的"收到的其他与投资活动有关的现金"项目反映。

【例 5-16】 企业本年发生如下购入股票、债券的经济业务：

① 购入 6 个月到期的债券 100 000 元，以银行存款支付；

② 企业购入准备长期持有的债券，债券的票面金额为 200 000 元，票面利率为 8%，企业实际支付的金额为 240 000 元；

③ 企业购入股票投资，实际支付的买价为 254 000 元，其中包括已宣告发放但尚未领取的现金股利 4 000 元，另支付手续费 3 000 元，上述款项均以银行存款支付。

投资活动所支付的现金＝①100 000＋②240 000＋③（254 000－4 000＋3 000）＝593 000（元）

（8）"取得子公司及其他营业单位支付的现金净额"项目，反映企业购买子公司及其他营业单位购买出价中以现金支付的部分，减去子公司及其他营业单位持有的现金和现金等价物后的净额。

整体购买一个单位，其结算方式是多种多样的，如购买全部以现金支付或一部分以现金支付而另一部分以实物清偿。同时，企业购买子公司及其他营业单位是整体购买，子公司和其他营业单位除有固定资产和存货外，还可能持有现金和现金等价物。这样，整体购买子公司或其他营业单位的现金流量，就应以购买出价中以现金支付的部分减去子公司或其他营业单位持有的现金和现金等价物后的净额反映。

【例 5-17】 经过协商，甲企业决定购买丙企业的一子公司，出价 1 500 000 元，全部以银行存款转账支付。该子公司的有关资料如下：

该子公司有 150 000 元的现金及银行存款，没有现金等价物。

购买子公司及其他营业单位支付的现金净额＝1 500 000－150 000＝1 350 000（元）

（9）"支付其他与投资活动有关的现金"项目，反映企业除了上述各项目外，支付的其他与投资活动有关的现金流出。其他现金流出如果价值较大，应单列项目反映。本项目可根据有关账户的记录分析填列。

【例 5-18】 根据例 5-16 资料，该企业"支付其他与投资活动有关的现金"项目填列为：

支付其他与投资活动有关的现金＝③4 000(元)

（四）筹资活动现金流量的编制说明

（1）"吸收投资收到的现金"项目，反映企业发行股票、债券等方式所收到的现金净额（发行收入减去支付的佣金等发行费用后的净额）。本项目可根据"库存现金""银行存款""实收资本"等账户的记录分析填列。在填列本项目时应注意：

① 发行股票、债券时，由金融企业直接支付的手续费、宣传费、咨询费、印刷费等费用，从发行股票取得的现金收入中扣除，以净额列示；

② 企业直接支付的发行股票的有关费用，如审计费、咨询费，在"支付的其他与筹资活动有关的现金"项目中反映，不从本项目中扣除。

【例 5-19】 甲企业发生如下吸收投资的有关经济业务：

① 企业发行股票 10 000 000 股，每股面值 1 元，发行价格每股 1.2 元，发行手续费按发行收入的 2% 支付，发行费共计 240 000 元，企业取得发行股票的发行净收入已存入银行。

② 企业经批准发行长期债券，债券的面值为 2 000 000 元，实际发行价格为 2 200 000 元，证券公司按发行收入的 3‰ 计手续费 66 000 元，手续费直接从发行收入中扣除。由证券公司代为支付宣传费及印刷费共计 8 000 元，从发行收入中扣除。企业以银行存款直接支付的审计费 3 000 元。企业已收到发行债券的款项净额。

吸收投资收到的现金＝①(12 000 000－240 000)＋②(2 200 000－66 000－8 000)＝13 886 000(元)

（2）"取得借款收到的现金"项目，反映企业举借各种短期、长期借款所收到的现金。本项目可根据"库存现金""银行存款""短期借款""长期借款"等账户的记录分析填列。

【例 5-20】 甲企业发生的有关借款的经济业务如下：

① 借入长期借款 700 000 元(用于固定资产建造工程);
② 取得 180 000 元短期借款。
取得借款收到的现金=①700 000+②180 000=880 000(元)

(3)"收到的其他与筹资活动有关的现金"项目,反映企业除上述各项目外,收到的其他与筹资活动有关的现金流入,如接受现金捐赠等。其他现金流入如果价值较大,应单列项目反映。本项目可根据有关账户的记录分析填列。

(4)"偿还债务所支付的现金"项目,反映企业以现金偿还债务的本金,包括偿还金融企业的借款本金、偿还债券本金等所导致的现金流出。本项目可根据"短期借款""长期借款""应付债券""库存现金""银行存款"等账户的记录分析填列。在填列本项目时应注意:企业偿还的借款利息、债券利息,在"分配股利、利润或偿付利息所支付的现金"项目反映,不包括在本项目内。

【例 5-21】 甲企业发生如下与筹资活动现金流出有关的经济业务:
① 以银行存款支付在建工程负担的资本化利息 150 000 元;
② 归还短期借款本金 250 000 元,利息 12 000 元;
③ 宣告分配并支付现金股利 70 000 元;
④ 公司发放股票股利 100 000 股,每股面值 1 元,市场价格 2 元。
偿还债务所支付的现金=②250 000(元)

(5)"分配股利、利润或偿付利息支付的现金"项目,反映企业实际支付的现金股利、分配给投资者的利润以及企业用现金支付的借款利息、债券利息等。不同用途的借款,其利息的开支渠道不一样,但不管会计核算上计入"在建工程"账户还是"财务费用"账户,其借款支出的利息均应在本项目中反映。

【例 5-22】 例 5-21 中甲企业分配股利、利润或偿付利息所支付的现金情况为:
分配股利、利润或偿付利息所支付的现金=①150 000+②12 000+③70 000=232 000(元)

(6)"分配其他与筹资活动有关的现金"项目,反映企业除上述各项目外,支付的其他与筹资活动有关的现金流出,如捐赠现金流出、融资租入固定资产支付的租赁费等。其他现金流出如果价值较大,应单列项目反映。本项目可根据有关账户的记录分析填列。

(五)现金流量表的编制

1. 现金流量表的编制方法

编制现金流量表时,列报经营活动现金流量的方法有两种:一种是直接法;另一种是间接法。这两种方法通常也称为编制现金流量表的方法。

（1）直接法

所谓直接法，是指按现金收入和现金支出的主要类别直接反映企业经营活动产生的现金流量，如销售商品、提供劳务收到的现金；购买商品、接受劳务支付的现金等就是按现金收入和现金支出的来源直接反映的。在直接法下，一般是以利润表中的营业收入为起算点，调节与经营活动有关的项目的增减变动，然后计算出经营活动产生的现金流量。

采用直接法编报的现金流量表，便于分析企业经营活动产生的现金流量的来源和用途，预测企业现金流量的未来前景；采用直接法编报现金流量表，便于将净利润与经营活动产生的现金流量净额进行比较，了解净利润与经营活动产生的现金流量差异的原因，从现金流量的角度分析净利润的质量。所以，国际会计准则鼓励企业采用直接法编制现金流量表。在我国，现金流量表也以直接法编制，但在现金流量表的补充资料中还按间接法反映经营活动现金流量的情况。

（2）间接法

所谓间接法，是指以净利润为起算点，调整不涉及现金的收入、费用、营业外收支等有关项目，据此计算出经营活动产生的现金流量。

由于净利润是按照权责发生制原则确定的，且包括了投资活动和筹资活动收益和费用，将净利润调节为经营活动现金流量，实际上就是将按权责发生制原则确定的净利润调整为现金净流入，并剔除投资活动和筹资活动对现金流量的影响。

2. 现金流量表的编制程序

在具体编制现金流量表时常采用工作底稿法。工作底稿法是以工作底稿为手段，以利润表和资产负债表数据为基础，对每一项目进行分析并在工作底稿上编制调整分录，从而编制现金流量表。

在直接法下，整个工作底稿纵向分成三段，第一段是资产负债表项目，其中又分为借方项目和贷方项目两部分；第二段是利润表项目；第三段是现金流量表项目。工作底稿横向分为五栏，在资产负债表部分，第一栏是项目栏，填列资产负债表各项目名称；第二栏是期初数，用来填列资产负债表项目的期初数；第三栏是调整分录的借方；第四栏是调整分录的贷方；第五栏是期末数，用来填列资产负债表各项目的期末数。在利润表和现金流量表部分，第一栏也是项目栏，用来填列利润表和现金流量表项目名称；第二栏空置不填；第三、第四栏分别是调整分录的借方和贷方；第五栏是本期数，利润表部分这一栏数字应和本期利润表数字核对相符，现金流量表部分这一栏的数字可直接用来编制正式的现金流量表。工作底稿的格式见表5-2。

表 5-2 现金流量表工作底稿

项　目	期初数	调整分录		期末数
		借方	贷方	
一、资产负债表项目				
借方项目：				
货币资金				
交易性金融资产				
衍生金融资产				
应收票据及应收账款				
预付账款				
其他应收款				
存货				
合同资产				
持有待售资产				
一年内到期的非流动资产				
其他流动资产				
债权投资				
其他债权投资				
长期应收款				
长期股权投资				
其他权益工具				
固定资产				
在建工程				
无形资产				
开发支出				
递延所得税资产				
借方项目合计				
贷方项目：				
短期借款				
交易性金融负债				
衍生金融负债				
应付票据及应付账款				

(续表 5-2)

项　　目	期初数	调整分录		期末数
		借方	贷方	
预收账款				
合同负债				
应付职工薪酬				
应交税费				
其他应付款				
持有待售负债				
一年内到期的非流动负债				
其他流动负债				
长期借款				
应付债券				
长期应付款				
预计负债				
递延收益				
递延所得税负债				
其他非流动负债				
实收资本（或股本）				
其他权益工具				
资本公积				
其他综合收益				
盈余公积				
未分配利润				
二、利润表项目				
营业收入				
营业成本				
税金及附加				
销售费用				
管理费用				
研发费用				
财务费用				

(续表5-2)

项　　目	期初数	调整分录		期末数
		借方	贷方	
资产减值损失				
其他收益				
投资收益				
公允价值变动收益				
资产处置收益				
营业外收入				
营业外支出				
所得税费用				
净利润				
三、现金流量表项目				
(一)经营活动产生的现金流量				
销售商品、提供劳务收到的现金				
收到的税费返还				
收到其他与经营活动有关的现金				
经营活动现金流入小计				
购买商品、接受劳务支付的现金				
支付给职工以及为职工支付的现金				
支付的各项税费				
支付其他与经营活动有关的现金				
经营活动现金流出小计				
经营活动产生现金流量净额				
(二)投资活动产生的现金流量				
收回投资收到的现金				
取得投资收益收到的现金				
处置固定资产、无形资产和其他长期资产收回的现金净额				
处置子公司及其他营业单位收到的现金净额				
收到其他与投资活动有关的现金				
投资活动现金流入小计				

(续表 5-2)

项　　目	期初数	调整分录		期末数
		借方	贷方	
购建固定资产、无形资产和其他长期资产支付的现金				
投资支付的现金				
取得子公司及其他营业单位支付的现金净额				
支付其他与投资活动有关的现金				
投资活动现金流出小计				
投资活动产生现金净额				
(三) 筹资活动产生的现金流量				
吸收投资收到的现金				
取得借款收到的现金				
收到其他与筹资活动有关的现金				
筹资活动现金流入小计				
偿还债务支付的现金				
分配股利、利润或偿付利息支付的现金				
支付其他与筹资活动有关的现金				
筹资活动现金流出小计				
筹资活动产生现金流量净额				
(四) 现金及现金等价物净增加额				

采用工作底稿法编制现金流量表的程序如下：

(1) 将资产负债表的期初数和期末数过入工作底稿的期初数栏和期末数栏；将利润表各项目的本期数过入工作底稿的本期数栏。

(2) 对当期业务进行分析并编制调整分录。调整分录大体有三类：第一类涉及利润表中的收入、成本和费用项目以及资产负债表中的资产、负债及所有者权益项目，通过调整，将权责发生制下的收入、费用转换为收付实现制下经营活动的现金流入与流出；第二类涉及资产负债表和现金流量表中的投资、筹资项目，反映投资和筹资活动的现金流量；第三类涉及利润表和现金流量表中的投资和筹资项目，目的是将利润表中与投资和筹资活动有关的收入和费用转换为相关的现金流入与流出并列入现金流量表中投资活动或筹资活动产生的现金流量。此外,还有一些调整分录并不涉及现金收支,只是为了核对资产负债表有关项目的期末、期初数变动。

在调整分录中,涉及现金及现金等价物变动的事项,并不直接借记或贷记现金,而是分别记入"经营活动产生的现金流量""投资活动产生的现金流量"和"筹资活动产生的现金流量"中的有关项目,借记表明现金流入,贷记表明现金流出。

（3）将调整分录过入工作底稿中的相应项目。

（4）核对调整分录,借方栏合计数与贷方栏合计数应当相等;资产负债表各项目期初数加减调整分录中的借贷金额以后,应当等于期末数;利润表各项目的借贷金额加减后的结果应当等于本期数。

（5）根据工作底稿中现金流量表部分各项目的借贷金额计算确定各项目的本期数,据以编制正式的现金流量表。

四、实训案例

（一）实训资料

【案例 5-1】 根据案例 2-1 北方公司 20×8 年发生业务完成表 5-3 该公司 20×8 年现金流量表。

表 5-3　现金流量表

编制单位:北方公司　　　　　20×8 年 12 月　　　　　会企 03 表
　　　　　　　　　　　　　　　　　　　　　　　　　　　　单位:元

项　　目	本期金额	上期金额
一、经营活动产生的现金流量		
销售商品、提供劳务收到的现金		
收到的税费返还		
收到其他与经营活动有关的现金		
经营活动现金流入小计		
购买商品、接受劳务支付的现金		
支付给职工以及为职工支付的现金		

(续表5-3)

项　　目	本期金额	上期金额
支付的各项税费		
支付其他与经营活动有关的现金		
经营活动现金流出小计		
经营活动产生的现金流量净额		
二、投资活动产生的现金流量		
收回投资收到的现金		
取得投资收益收到的现金		
处置固定资产、无形资产和其他长期资产收回的现金净额		
处置子公司及其他营业单位收到的现金净额		
收到其他与投资活动有关的现金		
投资活动现金流入小计		
购建固定资产、无形资产和其他长期资产支付的现金		
投资支付的现金		
取得子公司及其他营业单位支付的现金净额		
支付其他与投资活动有关的现金		
投资活动现金流出小计		
投资活动产生的现金流量净额		
三、筹资活动产生的现金流量		
吸收投资收到的现金		
取得借款收到的现金		
收到其他与筹资活动有关的现金		
筹资活动现金流入小计		
偿还债务支付的现金		
分配股利、利润或偿付利息支付的现金		
支付其他与筹资活动有关的现金		
筹资活动现金流出小计		
筹资活动产生的现金流量净额		

(续表5-3)

项目	本期金额	上期金额
四、汇率变动对现金及现金等价物的影响		
五、现金及现金等价物净增加额		
加：期初现金及现金等价物余额		
六、期末现金及现金等价物余额		

（二）实训指导

根据案例2-1列示北方公司相关资料，完成该公司20×8年现金流量表，采用工作底稿法，可按以下步骤编制：

1. 将北方公司资产负债表项目和利润表项目过入工作底稿，见表5-4。

表5-4　现金流量表工作底稿

项目	期初数	调整分录		期末数
		借方	贷方	
一、资产负债表项目				
借方项目：				
货币资金	2 079 100			1 482 367
交易性金融资产	26 800			28 800
应收票据及应收账款	480 000			499 000
预付款项	65 000			0
其他应收款	4 500			4 500
存货	354 700			536 400
长期股权投资	220 000			220 000
其他权益工具投资	80 000			90 000
固定资产	3 099 000			3 610 100
在建工程	1 600 000			800 000
无形资产	1 200 000			1 200 000
开发支出	0			20 000
借方项目合计	9 209 100			8 491 167
贷方项目：				
坏账准备	8 000			9 980
存货跌价准备	6 500			17 690
累计折旧	600 000			235 000

(续表 5-4)

项　　目	期初数	调整分录 借方	调整分录 贷方	期末数
长期股权投资减值准备				4 500
固定资产减值准备				85 000
累计摊销				320 000
短期借款				300 000
应付票据及应付账款				775 000
其他应付款				170 145
应付职工薪酬	4 500			51 000
应交税费	190 000			138 517
一年内到期的非流动负债	240 000			400 00
长期借款	500 000			0
递延所得税负债	1 010 000			1 220 500
股本	77 000			20 400
资本公积	51 000			1 000 000
其他综合收益	40 800			3 428 800
盈余公积	850 000			12 000
未分配利润	950 000			171 567
贷方项目合计	8 000			131 068
二、利润表项目	1 000 000			8 491 167
营业收入	3 428 800			1 500 000
营业成本	4 500			900 000
税金及附加	150 000			21 250
销售费用	90 000			28 000
管理费用	9 209 100			224 700
财务费用				56 500
资产减值损失				31 190
信用减值损失				6 980
公允价值变动收益				2 000
投资收益				40 000
资产处置收益				−40 000

(续表 5-4)

项 目	期初数	调整分录 借方	调整分录 贷方	期末数
营业外收入				
营业外支出				
所得税费用				
净利润				

三、现金流量表项目

（一）经营活动产生的现金流量

 销售商品、提供劳务收到的现金

 收到的税费返还

 收到的其他与经营活动有关的现金

  现金流入小计

 购买商品、接受劳务支付的现金

 支付给职工以及为职工支付的现金

 支付的各项税费

 支付其他与经营活动有关的现金

  现金流出小计

  经营活动产生现金流量净额

				0
				30 000
				59 600
				143 780

（二）投资活动产生的现金流量

 收回投资收到的现金

 取得投资收益收到的现金

 处置固定资产、无形资产和其他长期资产收回的现金净额

 处置子公司及其他营业单位收到的现金净额

 收到其他与投资活动有关的现金

  现金流入小计

 购建固定资产、无形资产和其他长期资产支付的现金

 投资支付的现金

 取得子公司及其他营业单位支付的

(续表 5-4)

项目	期初数	调整分录 借方	调整分录 贷方	期末数
现金净额				
支付其他与投资活动有关的现金				
现金流出小计				
投资活动产生现金净额				
(三)筹资活动产生的现金流量				
吸收投资收到的现金				
取得借款收到的现金				
收到其他与筹资活动有关的现金				
现金流入小计				
偿还债务支付的现金				
分配股利、利润或偿付利息支付的现金				
支付其他与筹资活动有关的现金				
现金流出小计				
筹资活动产生现金流量净额				
(四)现金及现金等价物净增加额				

2. 对当期业务进行分析并编制调整分录。假定编制该公司现金流量表时所用的现金概念与货币资金完全一致。编制调整分录时，以利润表项目为基础，从营业收入开始，结合资产负债表项目逐一进行分析，调整完利润表项目，进而调整资产负债表项目。

(1) 分析调整营业收入

发生现销时营业收入和增值税销项税额会带来经营活动现金流量；取得营业收入若当期未收回，也会对应收款项发生影响；当期收回以前未收回的应收款项，也会带来现金流入。分析本期所确认的营业收入，主要分析营业收入以及对应的应收款项的变化。

本期所确认的营业收入为 1 500 000 元，销售商品对应的增值税销项税额为 240 000 元，营业收入和销项税额带来的现金流量属于"经营活动现金流量——销售商品、提供劳务收到的现金"。由于销售并非都为现销，营业收入和销项税额还会引起非现金项目增减变化。本例中涉及"应收票据及应收账款"项目，因而需分析这个非现金项目的变动。本例中"应收票据及应收账款"项目期初数为 480 000

元,期末数为499 000元,增加了19 000元。

注意:企业第12笔经济业务处置固定资产带来的64 000元增值税销项税额属于"投资活动现金流量——处置固定资产、无形资产和其他长期资产收到的现金"项目,不列入"经营活动现金流量——销售商品、提供劳务收到的现金"项目,因而其在以后的调整分录中进行调整。假设应收账款、应收票据的变动都对应着现金流量的变动,若有未带来现金流量变化的情况,在以后调整分录再进行调整。编制的调整分录为:

借:经营活动现金流量——销售商品、提供劳务收到现金　1 721 000
　　应收票据及应收账款　　　　　　　　　　　　　　　　 19 000
　贷:营业收入　　　　　　　　　　　　　　　　　　　　　1 500 000
　　应交税费——应交增值税(销项税额)　　　　　　　　　 240 000

(2) 分析调整营业成本

本期所确认的营业成本为900 000元,营业成本的增加对应着存货的减少,因而分析调整营业成本时需同时考虑资产负债表存货项目的变化。购入存货时要同时支付增值税进项税额,导致现金流出,计入"经营活动现金流量——购买商品、接受劳务支付的现金"项目。本期存货增加了181 700元,购入存货支付的增值税进项税额为52 283元。注意:购入固定资产、工程物资支付的增值税进项税额属于"投资活动现金流量——购置固定资产、无形资产和其他长期资产支付的现金"项目反映。

由于购入存货并非都是现购,因而购入存货,还可能影响预付账款、应付账款、应付票据等账户的变动。本例中"应付票据及应付账款"项目期初数为1 010 000元,期末数为775 000元,减少了235 000元;"预付账款"项目期初数为65 000元,期末数为0元,减少了65 000元。

本笔分录只做初步调整,即在营业成本的基础上,将预付账款、应付账款、应付票据的减少,和存货的增加暂且作为"购买商品、接受劳务支付的现金"处理。

借:营业成本　　　　　　　　　　　　　　　　　　　　　　900 000
　　存货　　　　　　　　　　　　　　　　　　　　　　　　181 700
　　应交税费——应交增值税(进项税额)　　　　　　　　　　52 283
　　应付票据及应付账款　　　　　　　　　　　　　　　　　235 000
　贷:预付账款　　　　　　　　　　　　　　　　　　　　　　65 000
　　经营活动现金流量——购买商品、接受劳务支付的现金　1 303 983

(3) 分析调整税金及附加

本期确认的税金及附加为21 250元,从"T"型账户可看出,其对应账户为应交税费。编制的调整分析分录为:

借:税金及附加　　　　　　　　　　　　　　　　　　21 250
　　贷:应交税费　　　　　　　　　　　　　　　　　　　　21 250

（4）分析调整销售费用

本期确认的销售费用为28 000元,销售费用的发生带来的现金流出属于"经营活动现金流量——支付的其他与经营活动有关的现金"项目,因而编制的调整分录为:

借:销售费用　　　　　　　　　　　　　　　　　　　28 000
　　贷:经营活动现金流量——支付的其他与经营活动有关的现金　28 000

（5）分析调整管理费用

本期确认的管理费用为224 700元,管理费用的发生带来的现金流出属于"经营活动现金流量——支付的其他与经营活动有关的现金"项目,暂且将本期确认的管理费用都作为现金流出处理,若有管理费用的发生没有带来现金流出情况的,后面再做调整,编制的调整分录为:

借:管理费用　　　　　　　　　　　　　　　　　　　224 700
　　贷:经营活动现金流量——支付的其他与经营活动有关的现金
　　　　　　　　　　　　　　　　　　　　　　　　　224 700

（6）分析调整财务费用

本期确认的财务费用为56 500元,由"T"型账户可以看出,本期第24笔、25笔经济业务涉及财务费用。第24笔经济业务中,财务费用的发生对应着应收票据的减少,而在第(1)笔调整分录中将应收票据的变动都计入了"经营活动现金流量——销售商品、提供劳务收到的现金"项目中,而第24笔经济业务中应收票据的减少并不是因为销售商品收到现金,而是计入财务费用。因而应在调整分录(1)的基础上调整减少"销售商品、提供劳务收到现金"项目。第25笔经济业务中财务费用的发生对应着应付利息、长期借款账户,应付利息合并计入资产负债表"其他应付款"项目,长期借款账户计入资产负债表"长期借款"项目。编制的调整分录为:

借:财务费用　　　　　　　　　　　　　　　　　　　56 500
　　贷:经营活动现金流量——销售商品、提供劳务收到的现金　24 000
　　　　其他应付款　　　　　　　　　　　　　　　　　　22 000
　　　　长期借款——应计利息　　　　　　　　　　　　　10 500

（7）分析调整资产减值损失、信用减值损失

本期确认的资产减值损失为31 190元,从"T"型账户可以看出,涉及第41、42笔经济业务,其对应的账户为坏账准备、存货跌价准备、固定资产减值准备账户。确认的信用减值损失为6 980元,涉及第40笔业务。编制的调整分录为:

借：资产减值损失　　　　　　　　　　　　　　　　　31 190
　　贷：存货跌价准备　　　　　　　　　　　　　　　11 190
　　　　固定资产减值准备　　　　　　　　　　　　　20 000
借：信用减值损失　　　　　　　　　　　　　　　　　 6 980
　　贷：坏账准备　　　　　　　　　　　　　　　　　 6 980

（8）分析调整公允价值变动收益

本期确认的公允价值变动收益为2 000元，从"T"型账户可以看出，第32笔经济业务涉及公允价值变动收益，其对应账户为交易性金融资产，编制的调整分录为：

借：交易性金融资产　　　　　　　　　　　　　　　　2 000
　　贷：公允价值变动收益　　　　　　　　　　　　　 2 000

（9）分析调整投资收益

本期确认的投资收益为40 000元，为第13笔经济业务收到现金股利，属于"投资活动现金流量——取得投资收益收到的现金"项目，编制的调整分录为：

借：投资活动现金流量——取得投资收益收到现金　　　40 000
　　贷：投资收益　　　　　　　　　　　　　　　　　40 000

（10）分析调整资产处置收益

本期确认的资产处置损失为40 000元，从"T"型账户可以看出涉及第12笔经济业务。在第12笔经济业务中，处置固定资产发生损失40 000元，同时导致固定资产累计折旧、固定资产减值准备减少，处置固定资产带来现金流入以及增值税销项税额，属于"投资活动现金流量——处置固定资产、无形资产和其他长期资产收到的现金"。

借：资产处置损益　　　　　　　　　　　　　　　　　40 000
　　累计折旧　　　　　　　　　　　　　　　　　　 260 000
　　固定资产减值准备　　　　　　　　　　　　　　 100 000
　　投资活动现金流量——处置固定资产、无形资产和其他长期资产收到现金
　　　　　　　　　　　　　　　　　　　　　　　　 464 000
　　贷：固定资产　　　　　　　　　　　　　　　　 800 000
　　　　应交税费——应交增值税（销项税额）　　　　64 000

（11）分析调整营业外支出

本期确认的营业外支出为30 000元，从"T"型账户可以看出涉及第43笔经济业务。第43笔经济业务盘亏固定资产带来营业外支出30 000元，同时导致固定资产累计折旧、固定资产减值准备发生减少。调整分录为：

借:营业外支出 30 000
　　累计折旧 225 000
　　固定资产减值准备 25 000
　贷:固定资产 280 000

(12) 分析调整所得税费用

本期确认的所得税费用为 59 600 元,由"T"型账户可以看出,确认所得税费用时对应的账户为"应交税费""递延所得税负债",编制的调整分录为:

借:所得税费用 59 600
　贷:应交税费——应交企业所得税 49 700
　　递延所得税负债 9 900

(13) 分析调整净利润

本期确认的净利润为 143 780 元,结转净利润导致未分配利润增加。编制的调整分录为:

借:净利润 143 780
　贷:未分配利润 143 780

(14) 分析调整其他权益工具投资

利润表项目调整结束,进而调整资产负债表项目。其他权益工具投资期初余额为 80 000 元,期末余额为 90 000 元,增加 10 000 元。从"T"型账户可以看出对应账户为其他综合收益、递延所得税负债账户,编制的调整分录为:

借:其他权益工具投资 10 000
　贷:其他综合收益 7 500
　　递延所得税负债 2 500

(15) 分析调整固定资产

调整分录(10)、(11)已经调整减少了固定资产 1 080 000 元,由"T"型账户可以看出还有第 3 笔、第 10 笔经济业务涉及固定资产。第 3 笔经济业务导致现金流出企业,属于"投资活动现金流量——购置固定资产、无形资产和其他长期资产支付的现金";第 10 笔经济业务导致在建工程减少。编制的调整分录为:

借:固定资产 91 100
　　应交税费——应交增值税(进项税额) 14 400
　贷:投资活动现金流量——购置固定资产、无形资产和其他长期资产支付现金 105 500

借:固定资产 1 500 000
　贷:在建工程 1 500 000

(16) 分析调整在建工程

资产负债表"在建工程"项目期初数为 1 600 000 元,期末数为 800 000 元。该项目应根据"在建工程"账户的期末余额,减去"在建工程减值准备"账户期末余额后的金额,以及"工程物资"账户的期末余额,减去"工程物资减值准备"账户期末余额后的金额填列。调整分录(14)已经调整减少了在建工程 1 500 000 元,由"T"型账户可以看出,第 4 笔、第 8 笔、第 9 笔经济业务涉及"在建工程"项目,同时还导致应付职工薪酬、长期借款增加。编制的调整分录为:

借:在建工程　　　　　　　　　　　　　　　　　　410 000
　　贷:应付职工薪酬　　　　　　　　　　　　　　　410 000
借:在建工程　　　　　　　　　　　　　　　　　　160 000
　　贷:长期借款　　　　　　　　　　　　　　　　　160 000
借:在建工程　　　　　　　　　　　　　　　　　　130 000
　　应交税费——应交增值税(进项税额)　　　　　　20 800
　　贷:投资活动现金流量——购置固定资产、无形资产和其他长期资产支付现金　　　　　　　　　　　　　　　　　　　　　　150 800

(17) 分析调整开发支出

本期发生的开发支出为 20 000 元,同时导致现金流出企业,属于"投资活动现金流量——购置固定资产、无形资产和其他长期资产支付的现金",编制的调整分录为:

借:开发支出　　　　　　　　　　　　　　　　　　 20 000
　　贷:投资活动现金流量——购置固定资产、无形资产和其他长期资产支付现金　　　　　　　　　　　　　　　　　　　　　　 20 000

(18) 分析调整累计折旧

调整分录(10)、(11)已分析调整了累计折旧的借方发生额,由"T"型账户可以看出,累计折旧有 120 000 元的贷方发生额,为本期计提的累计折旧。其中车间折旧 100 000 元,计入制造费用,后分配计入产品成本,它导致存货增加 100 000 元,但并没有任何现金流出,而调整分录(2)假设所有存货增加都导致"购买商品、提供劳务支付现金",故应在调整分录(2)的基础上调整减少"购买商品、接受劳务支付现金"100 000 元;计入管理费用的累计折旧为 20 000 元,由于调整分录(5)假设所有的管理费用都对应有现金流出,因而应在调整分录(5)的基础上,调整减少"支付的其他与经营活动有关的现金"20 000 元。编制的调整分录为:

借:经营活动现金流量——购买商品、接受劳务支付的现金　　100 000
　　　　　　　　　　——支付的其他与经营活动有关的现金　　20 000
　　贷:累计折旧　　　　　　　　　　　　　　　　　　　　120 000

(19) 分析调整累计摊销

本期确认的累计摊销为 80 000 元,计入管理费用,由于调整分录(5)假设所有的管理费用都对应有现金流出,属于"经营活动现金流量——支付的其他与经营活动有关的现金",而摊销无形资产没有导致现金流出,因而应在调整分录(5)的基础上,调整减少"支付的其他与经营活动有关的现金"80 000 元。编制的调整分录为:

借:经营活动现金流量——支付的其他与经营活动有关的现金　80 000
　　贷:累计摊销　　　　　　　　　　　　　　　　　　　　　　80 000

(20) 分析调整短期借款

本期短期借款减少 200 000 元,由"T"型账户可以看出,第 14 笔经济业务归还短期借款 200 000 元,导致现金流出,属于"筹资活动现金流量——偿还债务支付的现金";同时支付利息 10 000 元,带来"应付利息"账户减少 10 000 元,"应付利息"账户反映在资产负债表"其他应付款"项目内;同时这笔业务导致现金流出,属于"筹资活动现金流量——分配股利、利润或偿付利息支付的现金"。编制的调整分录为:

借:短期借款　　　　　　　　　　　　　　　　　　　　　　200 000
　　其他应付款　　　　　　　　　　　　　　　　　　　　　　10 000
　　贷:筹资活动现金流量——偿还债务支付的现金　　　　　　　200 000
　　　　　　　　　　　　——分配股利、利润或偿付利息支付的现金
　　　　　　　　　　　　　　　　　　　　　　　　　　　　　10 000

(21) 分析调整坏账准备

调整分录(7)调整增加了坏账准备的贷方发生额 6 980 元,由"T"型账户可以看出坏账准备有 5 000 元的借方发生额,为确认收不回的应收账款,此时应收账款减少的同时冲减了坏账准备,但并不会导致现金流入,而调整分录(1)假设应收账款都对应着现金流量变化,而将应收账款的变动计入了"销售商品、提供劳务收到现金"项目。因而此处应在调整分录(1)的基础上,调整减少"销售商品、提供劳务收到的现金"项目。编制的调整分录为:

借:坏账准备　　　　　　　　　　　　　　　　　　　　　　5 000
　　贷:经营活动现金流量——销售商品、提供劳务收到的现金　　5 000

(22) 分析调整应付职工薪酬

本期"应付职工薪酬"借方发生额为 1 037 000 元,为支付职工工资,其中支付给在建工程人员的工资为 410 000 元,计入"投资活动现金流量——购置固定资产、无形资产和其他长期资产支付的现金"项目;支付给生产人员、车间管理人员、行政管理部门人员工资 627 000 元,属于"经营活动现金流量——支付给职工以及为职工支付的现金"。

调整分录(16)已经调整增加了 410 000 元应付职工薪酬的贷方发生额,本期应付职工薪酬还有 627 000 元的贷方发生额。其中有 581 400 元计入产品成本,它增加了存货,但与"购买商品、接受劳务支付的现金"无关,因而应在调整分录(2)的基础上调整减少"购买商品、接受劳务支付的现金"581 400 元;计入管理费用的应付职工薪酬有 45 600 元,应在调整分录(5)的基础上调整减少"支付的其他与经营活动有关的现金"项目。编制的调整分录为:

借:应付职工薪酬　　　　　　　　　　　　　　　　1 037 000
　　贷:经营活动现金流量——支付给职工以及为职工支付的现金
　　　　　　　　　　　　　　　　　　　　　　　　　627 000
　　　　投资活动现金流量——购置固定资产、无形资产和其他长期资产支付现金　　　　　　　　　　　　　　　　　　　410 000
借:经营活动现金流量——购买商品、接受劳务支付的现金　581 400
　　　　　　　　　　——支付的其他与经营活动有关的现金　45 600
　　贷:应付职工薪酬　　　　　　　　　　　　　　　　627 000

(23) 分析调整应交税费

该项目比较复杂,由于与销售产品相关的 240 000 元增值税销项税额已于调整分录(1)调整;与购入存货相关的 52 283 元增值税进项税额已于调整分录(2)调整;与购入固定资产、工程物资相关的 35 200 元的增值税进项税额已于调整分录(15)、(16)调整;与固定资产销售相关的 64 000 元增值税销项税额已于调整分录(10)调整;本期确认的 21 250 元应交税金及附加已于调整分录(3)调整;本期确认的 49 700 元应交所得税已于调整分录(12)调整。因而此处只需分析调整企业实际上缴税务机关的 120 000 元增值税、14 875 元城市维护建设税、6 375 元教育费附加以及 49 700 元所得税。编制的调整分录为:

借:应交税费——应交增值税　　　　　　　　　　　120 000
　　　　　　——应交城市维护建设税　　　　　　　14 875
　　　　　　——应交教育费附加　　　　　　　　　6 375
　　　　　　——应交企业所得税　　　　　　　　　49 700
　　贷:经营活动现金流量——支付的各项税费　　　189 750

(24) 分析调整其他应付款

其他应付款项目,反映企业除应付票据、应付账款、预收账款、应付职工薪酬、应交税费等经营活动以外的其他各种应付、暂收的款项。本项目应根据"应付利息""应付股利""其他应付款"账户的期末余额合计数填列。"其他应付款"项目期初数为 77 000 元,期末数为 170 145 元。第(6)笔调整分录已经调整了贷方发生额22 000元,还需要调整分析贷方发生额81 145元,是本期确认的应付股利为81 145元,股利分配导致企业的未分配利润减少,编制的调整分录为:

  借:未分配利润   81 145
    贷:其他应付款   81 145

(25) 分析调整长期借款

调整分录(6)、(16)已经调整了长期借款的部分贷方发生额,由"T"型账户可以看出,还有第7笔经济业务取得长期借款,带来现金流入,计入"筹资活动现金流量——借款收到的现金"项目;到20×8年末有400 000元长期借款将于一年内到期。编制的调整分录为:

  借:筹资活动现金流量——借款收到的现金   500 000
    贷:长期借款   500 000
  借:长期借款   400 000
    贷:一年内到期的非流动负债   400 000

(26) 分析调整一年内到期的非流动负债

调整分录(25)已经调整了部分一年内到期的非流动负债贷方发生额,此外,企业当期偿还借款本金,导致现金流出,计入"筹资活动现金流量——偿还债务所支付的现金"项目,编制的调整分录为:

  借:一年内到期的非流动负债   850 000
    贷:筹资活动现金流量——偿还债务所支付的现金 850 000

(27) 分析调整盈余公积

本期确认的盈余公积为21 567元,提取盈余公积导致未分配利润减少,编制的调整分录为:

  借:未分配利润   21 567
    贷:盈余公积   21 567

(28) 分析调整现金净变化额

  借:现金净减少额   596 733
    贷:货币资金   596 733

3. 将调整分录过入工作底稿相应项目的调整分录栏内,结出现金流量表项目经营活动现金流量净额、投资活动现金流量净额、筹资活动现金流量净额和现金及现金等价物净增加额,见表5-5。验证现金及现金等价物净增加额与资产负债表货币资金项目是否保持一致。

表 5-5 现金流量表工作底稿

项 目	期初数	调整分录 借方		调整分录 贷方		期末数
一、资产负债表项目						
借方项目:						
货币资金	2 079 100			(28)	596 733	1 482 367
交易性金融资产	26 800	(8)	2 000			28 800
应收票据及应收账款	480 000	(1)	19 000			499 000
预付款项	65 000			(2)	65 000	0
其他应收款	4 500					4 500
存货	354 700	(2)	181 700			536 400
长期股权投资	220 000					220 000
其他权益工具投资	80 000	(14)	10 000			90 000
固定资产	3 099 000	(15)	1 591 100	(10)	800 000	3 610 100
				(11)	280 000	
在建工程	1 600 000	(16)	700 000	(15)	1 500 000	800 000
无形资产	1 200 000					1 200 000
开发支出	0	(17)	20 000			20 000
借方项目合计	9 209 100					8 491 167
贷方项目:						
坏账准备	8 000	(21)	5 000	(7)	6 980	9 980
存货跌价准备	6 500			(7)	11 190	17 690
累计折旧	600 000	(10)	260 000	(18)	120 000	235 000
		(11)	225 000			
长期股权投资减值准备	4 500					4 500
固定资产减值准备	190 000	(10)	100 000	(7)	20 000	85 000
		(11)	25 000			
累计摊销	240 000			(19)	80 000	320 000
短期借款	500 000	(20)	200 000			300 000
应付票据及应付账款	1 010 000	(2)	235 000			775 000
其他应付款	77 000	(20)	10 000	(6)	22 000	170 145
				(24)	81 145	
应付职工薪酬	51 000	(22)	1 037 000	(16)	410 000	51 000
				(22)	627 000	
应交税费	40 800	(2)	52 283	(1)	240 000	138 517
		(15)	14 400	(3)	21 250	
		(16)	20 800	(10)	64 000	
		(23)	189 750	(12)	49 700	
一年内到期的非流动负债	850 000	(26)	850 000	(25)	400 000	400 000
长期借款	950 000	(25)	400 000	(6)	10 500	1 220 500
				(16)	160 000	
				(25)	500 000	
递延所得税负债	8 000			(12)	9 900	20 400
				(14)	2 500	

(续表 5-5)

项　　目	期初数	调整分录 借方	调整分录 贷方	期末数
股本	1 000 000			1 000 000
资本公积	3 428 800			3 428 800
其他综合收益	4 500		(14) 7 500	12 000
盈余公积	150 000		(21) 21 567	171 567
未分配利润	90 000	(24) 81 145	(13) 143 780	131 068
贷方项目合计	9 209 100	(27) 21 567		8 491 167

项　　目	调整分录 借方	调整分录 贷方	本期
二、利润表项目			
营业收入		(1) 1 500 000	1 500 000
营业成本	(2) 900 000		900 000
税金及附加	(3) 21 250		21 250
销售费用	(4) 28 000		28 000
管理费用	(5) 224 700		224 700
财务费用	(6) 56 500		56 500
资产减值损失	(7) 31 190		38 170
信用减值损失	(7) 6 980		6 980
公允价值变动收益		(8) 2 000	2 000
投资收益	(10) 40 000	(9) 40 000	40 000
资产处置收益			－40 000
营业外收入	(11) 30 000		0
营业外支出	(12) 59 600		30 000
所得税费用	(13) 143 780		59 600
净利润			143 780
三、现金流量表项目			
(一) 经营活动产生的现金流量	(1) 1 721 000		
销售商品、提供劳务收到的现金		(6) 24 000	1 692 000
		(21) 5 000	
收到的税费返还			
收到的其他与经营活动有关的现金			
现金流入小计			1 692 000
购买商品、接受劳务支付的现金	(18) 100 000	(2) 1 303 983	622 583
	(22) 581 400		
支付给职工以及为职工支付的现金	(22) 627 000		627 000
支付的各项税费	(23) 189 750		189 750
支付其他与经营活动有关的现金	(18) 20 000	(4) 28 000	107 100
	(19) 80 000	(5) 224 700	

(续表 5-5)

项　　目	期初数	调整分录 借方	调整分录 贷方	期末数
		(22) 45 600		
现金流出小计				1 546 433
经营活动产生现金流量净额				145 567
(二) 投资活动产生的现金流量				
收回投资收到的现金				
取得投资收益收到的现金		(9) 40 000		40 000
处置固定资产、无形资产和其他长期资产收回的现金净额		(10) 464 000		464 000
处置子公司及其他营业单位收到的现金净额				
收到其他与投资活动有关的现金				
现金流入小计				504 000
购建固定资产、无形资产和其他长期资产支付的现金			(15) 105 500 (16) 150 800	686 300
投资支付的现金			(17) 20 000 (22) 410 000	
取得子公司及其他营业单位支付的现金净额				
支付其他与投资活动有关的现金				
现金流出小计				686 300
投资活动产生现金净额				−182 300
(三) 筹资活动产生的现金流量				
吸收投资收到的现金		(25) 500 000		
取得借款收到的现金				500 000
收到其他与筹资活动有关的现金				
现金流入小计				500 000
偿还债务支付的现金			(20) 200 000 (26) 850 000	1 050 000
分配股利、利润或偿付利息支付的现金			(20) 10 000	10 000
支付其他与筹资活动有关的现金				
现金流出小计				1 060 000
筹资活动产生现金流量净额				−560 000
(四) 现金及现金等价物净增加额		(28) 5 967 333		−596 733

4. 根据现金流量表工作底稿中现金流量表部分编制北方公司 20×8 年正式的现金流量表,见表 5-6。

表 5-6 现金流量表

会企 03 表

编制单位:北方公司　　　　20×8 年12 月　　　　　　　　　　　　　　　单位:元

项　　目	本期金额	上期金额
一、经营活动产生的现金流量		
销售商品、提供劳务收到的现金	1 692 000	
收到的税费返还		
收到其他与经营活动有关的现金		
经营活动现金流入小计	1 692 000	
购买商品、接受劳务支付的现金	622 583	
支付给职工以及为职工支付的现金	627 000	
支付的各项税费	189 750	
支付其他与经营活动有关的现金	107 100	
经营活动现金流出小计	1 546 433	
经营活动产生的现金流量净额	145 567	
二、投资活动产生的现金流量		
收回投资收到的现金		
取得投资收益收到的现金	40 000	
处置固定资产、无形资产和其他长期资产收回的现金净额	464 000	
处置子公司及其他营业单位收到的现金净额		
收到其他与投资活动有关的现金		
投资活动现金流入小计	504 000	
购建固定资产、无形资产和其他长期资产支付的现金	688 500	
投资支付的现金		
取得子公司及其他营业单位支付的现金净额		
支付其他与投资活动有关的现金		
投资活动现金流出小计	686 300	
投资活动产生的现金流量净额	-182 300	
三、筹资活动产生的现金流量		
吸收投资收到的现金		

(续表 5-6)

项目	本期金额	上期金额
取得借款收到的现金	500 000	
收到其他与筹资活动有关的现金		
筹资活动现金流入小计	500 000	
偿还债务支付的现金	1 050 000	
分配股利、利润或偿付利息支付的现金	10 000	
支付其他与筹资活动有关的现金		
筹资活动现金流出小计	1 060 000	
筹资活动产生的现金流量净额	−560 000	
四、汇率变动对现金及现金等价物的影响		
五、现金及现金等价物净增加额	−596 733	
加：期初现金及现金等价物余额	2 079 100	
六、期末现金及现金等价物余额	1 482 367	

五、现金流量表编制实训

【练习 5-1】 根据练习 2-1 华诚制衣股份公司发生业务完成表 5-7 该公司 20×8 年 12 月份现金流量表。

表 5-7 现金流量表

编制单位：华诚制衣股份公司　　　　20×8 年 12 月　　　　会企 03 表　　单位：元

项目	本期金额	上期金额
一、经营活动产生的现金流量		
销售商品、提供劳务收到的现金		
收到的税费返还		
收到其他与经营活动有关的现金		
经营活动现金流入小计		
购买商品、接受劳务支付的现金		
支付给职工以及为职工支付的现金		

(续表 5-7)

项目	本期金额	上期金额
支付的各项税费		
支付其他与经营活动有关的现金		
经营活动现金流出小计		
经营活动产生的现金流量净额		
二、投资活动产生的现金流量		
收回投资收到的现金		
取得投资收益收到的现金		
处置固定资产、无形资产和其他长期资产收回的现金净额		
处置子公司及其他营业单位收到的现金净额		
收到其他与投资活动有关的现金		
投资活动现金流入小计		
购建固定资产、无形资产和其他长期资产支付的现金		
投资支付的现金		
取得子公司及其他营业单位支付的现金净额		
支付其他与投资活动有关的现金		
投资活动现金流出小计		
投资活动产生的现金流量净额		
三、筹资活动产生的现金流量		
吸收投资收到的现金		
取得借款收到的现金		
收到其他与筹资活动有关的现金		
筹资活动现金流入小计		
偿还债务支付的现金		
分配股利、利润或偿付利息支付的现金		
支付其他与筹资活动有关的现金		
筹资活动现金流出小计		
筹资活动产生的现金流量净额		

(续表 5-7)

项　　目	本期金额	上期金额
四、汇率变动对现金及现金等价物的影响		
五、现金及现金等价物净增加额		
加：期初现金及现金等价物余额		
六、期末现金及现金等价物余额		

第六章 所有者权益变动表项目编制单项实训

一、实训目的

所有者权益变动表是反映构成所有者权益各组成部分当期增减变动情况的报表。通过所有者权益变动表,既可以为财务报表使用者提供所有者权益总量增减变动的信息,也能为其提供所有者权益增减变动的结构性信息,特别是能够让财务报表使用者理解所有者权益增减变动的根源。

所有者权益变动表项目编制单项实训的目的是使学生在具备经济业务账务处理基本技能的基础上,锻炼学生的报表编制能力。要求学生掌握所有者权益变动表项目的填列方法、数据来源,理解报表项目之间的钩稽关系。

二、实训内容

在所有者权益变动表上,企业至少应当单独列示下列信息的项目:
(1) 综合收益总额;
(2) 会计政策变更和差错更正的累积影响金额;
(3) 所有者投入资本和向所有者分配的利润等;
(4) 提取的盈余公积;
(5) 实收资本、其他权益工具、资本公积、盈余公积、未分配利润的期初和期末余额及其调节情况。

所有者权益变动表以矩阵形式列示;一方面,列示导致所有者权益变动的交易或事项,即所有者权益变动的来源,对一定时期所有者权益的变动情况进行全面反映;另一方面,按照所有者权益各组成部分(即实收资本、其他权益工具、资本公积、库存股、其他综合收益、盈余公积、未分配利润)列示交易或事项对所有者权益各部分的影响。

我国企业所有者权益变动表的格式如表 6-1 所示。

第六章 所有者权益变动表项目编制单项实训

表 6-1 所有者权益变动表

会企 04 表

编制单位：　　　　　　　　　　　　年度　　　　　　　　　　　　　单位：元

项目	本年金额									上年金额								
	实收资本（或股本）	其他权益工具			资本公积	减：库存股	其他综合收益	盈余公积	未分配利润	所有者权益合计	实收资本（或股本）	其他权益工具			资本公积	减：库存股	其他综合收益	盈余公积	未分配利润	所有者权益合计
		优先股	永续债	其他								优先股	永续债	其他						
一、上年年末余额																			
加：会计政策变更																			
前期差错更正																			
其他																			
二、本年年初余额																			
三、本年增减变动金额（减少以"一"号填列）																			
（一）综合收益总额																			
（二）所有者投入和减少的普通股																			
1.所有者投入的普通股																			
2.其他权益工具持有人所有者投入资本																			
3.股份支付计入所有者权益的金额																			
4.其他																			
（三）利润分配																			
1.提取盈余公积																			
2.对所有者（或股东）的分配																			

续表 6-1

项目	本年金额									上年金额								
	实收资本（或股本）	其他权益工具			资本公积	减：库存股	其他综合收益	盈余公积	未分配利润	所有者权益合计	实收资本（或股本）	其他权益工具			资本公积	减：库存股	其他综合收益	盈余公积	未分配利润	所有者权益合计
		优先股	永续债	其他								优先股	永续债	其他						
3. 其他																				
（四）所有者权益内部结转																				
1. 资本公积转增资本（或股本）																				
2. 盈余公积转增资本（或股本）																				
3. 盈余公积弥补亏损																				
4. 设定受益计划变动额结转留存收益																				
5. 其他综合收益结转留存收益																				
6. 其他																				
四、本年年末余额																				

三、实训指导

（一）所有者权益变动表的编制方法

所有者权益变动表的各项目均需填列"本年金额"和"上年金额"两栏。

所有者权益变动表"上年金额"栏内各项数字,应根据上年度所有者权益变动表"本年金额"栏内所列数字填列。上年度所有者权益变动表规定的各个项目的名称和内容同本年度不一致的,应对上年度所有者权益变动表各项目的名称和数字按照本年度的规定进行调整,填入所有者权益变动表的"上年金额"栏内。

所有者权益变动表"本年金额"栏内各项数字一般应根据"实收资本(或股本)""其他权益工具""资本公积""库存股""其他综合收益""盈余公积""利润分配""以前年度损益调整"账户的发生额分析填列。

企业的净利润及其分配情况作为所有者权益变动的组成部分,不需要单独编制利润分配表列示。

（二）所有者权益变动表主要项目编制说明

1. "上年年末余额"项目,反映企业上年资产负债表中实收资本(或股本)、其他权益工具、资本公积、库存股、其他综合收益、盈余公积、未分配利润的年末余额。

2. "会计政策变更"以及"前期差错更正"项目,分别反映企业采用追溯调整法处理的会计政策变更的累积影响金额和采用追溯重述法处理的会计差错更正的累积影响金额。

3. "本年增减变动金额"项目:

（1）"综合收益总额"项目,反映净利润和其他综合收益扣除所得税影响后净额相加后的合计金额。

（2）"所有者投入和减少资本"项目,反映企业当年所有者投入的资本和减少的资本。

①"所有者投入的普通股"项目,反映企业接受投资者投入形成的实收资本(或股本)和资本溢价或股本溢价。

②"其他权益工具持有者投入资本"项目,反映企业接受其他权益工具持有者投入的资本。

③"股份支付计入所有者权益的金额"项目,反映企业处于等待期中的权益结算的股份支付当年计入资本公积的金额。

（3）"利润分配"项目,反映企业当年的利润分配金额。

（4）"所有者权益内部结转"项目,反映企业构成所有者权益的组成部分之间当年的增减变动情况。

① "资本公积转增资本(或股本)"项目,反映企业当年以资本公积转增资本或股本的金额。

② "盈余公积转增资本(或股本)"项目,反映企业当年以盈余公积转增资本或股本的金额。

③ "盈余公积弥补亏损"项目,反映企业当年以盈余公积弥补亏损的金额。

④ "设定受益计划变动额结转留存收益"项目,反映企业因重新计量设定受益计划净负债或净资产所产生的变动计入其他综合收益,结转至留存收益的金额。

⑤ "其他综合收益结转留存收益"项目,主要反映:第一,企业指定为以公允价值计量且其变动计入其他综合收益的非交易性权益工具投资终止确认时,之前计入其他综合收益的累计利得或损失从其他综合收益中转入留存收益的金额;第二,企业指定为以公允价值计量且其变动计入当期损益的金融负债终止确认时,之前由企业自身信用风险变动引起而计入其他综合收益的累计利得或损失从其他综合收益中转入留存收益的金额等。

四、实训案例

(一)实训资料

【案例 6-1】 根据案例 2-1 所列北方公司相关资料,完成北方公司 20×8 年度所有者权益变动表的"本年金额"项目。

(二)实训指导

1. 根据案例 2-1 北方公司资产负债表如表 6-2 所示;北方公司利润表如表 6-3 所示。

表 6-2 资产负债表

会企 01 表

编制单位:北方公司　　　　　20×8 年 12 月 31 日　　　　　单位:元

资　产	期末余额	年初余额	负债和所有者权益 (或股东权益)	期末余额	年初余额
流动资产:			流动负债:		
货币资金	1 482 367	2 079 100	短期借款	300 000	500 000
交易性金融资产	28 800	26 800	交易性金融负债	0	0
衍生金融资产	0	0	衍生金融负债	0	0

(续表 6-2)

资产	期末余额	年初余额	负债和所有者权益（或股东权益）	期末余额	年初余额
应收票据及应收账款	489 020	472 000	应付票据及应付账款	775 000	1 010 000
预付款项	0	65 000	预收款项	0	0
其他应收款	4 500	4 500	合同负债	0	0
存货	518 710	348 200	应付职工薪酬	51 000	51 000
合同资产	0	0	应交税费	138 517	40 800
持有待售资产	0	0	其他应付款	170 145	77 000
一年内到期的非流动资产	0	0	持有待售负债	0	0
其他流动资产	0	0	一年内到期的非流动负债	400 000	850 000
流动资产合计	2 523 397	2 995 600	其他流动负债	0	0
非流动资产：			流动负债合计	1 834 662	2 528 800
债权投资	0	0	非流动负债：		
其他债权投资	0	0	长期借款	1 220 500	950 000
长期应收款	0	0	应付债券		
长期股权投资	215 500	215 500	长期应付款	0	0
其他权益工具投资	90 000	80 000	预计负债	0	00
其他非流动金融资产	0	0	递延收益		
投资性房地产	0	0	递延所得税负债	20 400	8 000
固定资产	3 290 100	2 309 000	其他非流动负债	0	0
在建工程	800 000	1 600 000	非流动负债合计	1 240 900	958 000
生产性生物资产	0	0	负债合计	3 075 562	3 486 800
油气资产	0	0	所有者权益（或股东权益）：		
无形资产	880 000	960 000	实收资本（或股本）	1 000 000	1 000 000
开发支出	20 000	0	其他权益工具		
商誉	0	0	资本公积	3 428 800	3 428 800
长期待摊费用	0	0	减：库存股		0

(续表6-2)

资产	期末余额	年初余额	负债和所有者权益（或股东权益）	期末余额	年初余额
递延所得税资产	0	0	其他综合收益	12 000	4 500
其他非流动资产	0	0	盈余公积	171 567	150 000
非流动资产合计	5 295 600	5 164 500	未分配利润	131 068	90 000
			所有者权益（或股东权益）合计	4 743 435	4 673 300
资产总计	7 818 997	8 160 100	负债和所有者权益（或股东权益）合计	7 818 997	8 160 100

2. 根据案例2-1北方公司利润表如表6-3所示。

表6-3 利 润 表

会企02表

编制单位：北方公司　　　　　20×8年12月　　　　　　　　　单位：元

项　　　目	本期金额	上期金额
一、营业收入	1 500 000	
减：营业成本	900 000	
税金及附加	21 250	
销售费用	28 000	
管理费用	224 700	
研发费用	—	
财务费用	56 500	
其中：利息费用	56 500	
利息收入	—	
资产减值损失	31 190	
信用减值损失	6 980	
加：其他收益	—	
投资收益（损失以"—"号填列）	40 000	
其中：对联营企业和合营企业的投资收益		
净敞口套期收益（损失以"—"号填列）		

(续表6-3)

项　　　目	本期金额	上期金额
公允价值变动收益（损失以"－"号填列）	2 000	
资产处置收益（损失以"－"号填列）	－40 000	
二、营业利润（亏损以"－"号填列）	233 380	
加：营业外收入	—	
减：营业外支出	30 000	
三、利润总额（亏损总额以"－"号填列）	203 380	
减：所得税费用	59 600	
四、净利润（净亏损以"－"号填列）	143 780	
五、其他综合收益的税后净额		
六、综合收益总额	143 780	
七、每股收益		
（一）基本每股收益	0.143 8	
（二）稀释每股收益	0.143 8	

3. 根据相关资料，北方公司部分所有者权益变动表项目金额计算如下：

（1）"上年年末余额"项目金额根据北方公司20×8年12月31日资产负债表中"实收资本（或股本）"年初余额100 000元填列；"资本公积"年初余额3 428 800元填列；"其他综合收益"年初余额4 500元填列；"盈余公积"年初余额150 000元填列；"未分配利润"项目年初余额90 000元填列。

（2）"本年增减变动金额"项目

①"综合收益总额"栏中的"其他综合收益"项目，根据北方公司20×8年12月31日资产负债表中"其他综合收益"年初余额4 500元与期末余额12 000元的差额7 500元填列；"综合收益总额"栏中的"未分配利润"项目，根据北方公司20×8年利润表中"净利润"项目金额143 780元填列。

②"利润分配"项目中的"提取盈余公积"，根据北方公司20×8年12月31日资产负债表中"盈余公积"年初余额150 000元与期末余额171 567元的差额21 567元填列；同时提取盈余公积带来未分配利润减少，"盈余公积"栏内的"未分配利润"有发生额－21 567元。

③"利润分配"项目中的"对所有者（或股东）的分配"，根据北方公司20×8年12月31日资产负债表中"其他应付款"项目分析填列。资产负债表中的"其他应

付款"项目根据"应付利息"账户、"应付利润"账户、"其他应付款"账户合并填列。北方公司当期"应付利润"账户的贷方发生额为81 145元,为分配给投资者的利润。给投资者分配利润带来未分配利润减少,"对所有者(或股东)的分配"栏内的"未分配利润"有发生额-81 145元。

④ 根据"综合收益总额"填列金额、"利润分配"填列金额合并计算完成"本年增减变动金额"的填列。

(3) "本年年末余额"项目金额根据"上年年末余额"项目金额以及"本年增减变动金额"项目数额汇总填列。

(三) 北方公司20×8年所有者权益变动表(表6-4)

五、所有者权益变动表编制单项实训

根据练习2-1所列华诚制衣有限公司相关资料,假设华诚制衣有限公司20×8年12月期初余额为上年期末数,完成表6-5华诚制衣有限公司20×8年所有者权益变动表填列。

表 6-4 所有者权益变动表

编制单位：北方公司　　　　年度　　　　　　　　　　　　　　　　　　　　　　　　　　　　　　　　会企 04 表　单位：元

项目	本年金额										上年金额									
	实收资本(或股本)	其他权益工具			资本公积	减:库存股	其他综合收益	盈余公积	未分配利润	所有者权益合计	实收资本(或股本)	其他权益工具			资本公积	减:库存股	其他综合收益	盈余公积	未分配利润	所有者权益合计
		优先股	永续债	其他								优先股	永续债	其他						
一、上年年末余额	1 000 000				3 428 800		4 500	150 000	90 000	4 673 300										
加:会计政策变更																				
前期差错更正																				
其他																				
二、本年年初余额	1 000 000				3 428 800		4 500	150 000	90 000	4 673 300										
三、本年增减变动金额(减少以"-"号填列)							7 500	21 567	41 068	70 135										
(一)综合收益总额							7 500		143 780	151 280										
(二)所有者投入和减少资本																				
1. 所有者投入的普通股																				
2. 其他权益工具持有者投入资本																				
3. 股份支付计入所有者权益的金额																				
4. 其他																				
(三)利润分配																				
1. 提取盈余公积								21 567	-21 567	0										
2. 对所有者(或股东)的分配									-81 145	-81 145										

(续表 6-4)

项目	本年金额									上年金额								
	实收资本(或股本)	其他权益工具			资本公积	减:库存股	其他综合收益	盈余公积	未分配利润	所有者权益合计	实收资本(或股本)	其他权益工具			资本公积	减:库存股	其他综合收益	盈余公积	未分配利润	所有者权益合计
		优先股	永续债	其他								优先股	永续债	其他						
3. 其他																				
(四)所有者权益内部结转																				
1. 资本公积转增资本(或股本)																				
2. 盈余公积转增资本(或股本)																				
3. 盈余公积弥补亏损																				
4. 设定受益计划变动额结转留存收益																				
5. 其他综合收益结转留存收益																				
6. 其他																				
四、本年末余额	1 000 000				3 428 800		12 000	171 567	131 068	4 743 435										

第六章 所有者权益变动表项目编制单项实训

表 6-5 所有者权益变动表

20×8 年度

编制单位：华诚制衣有限公司　　　　　　　　　　　　　　　　　　　　　　　　　　　会企 04 表
单位：元

项 目	本年金额										上年金额									
	实收资本（或股本）	其他权益工具			资本公积	减：库存股	其他综合收益	盈余公积	未分配利润	所有者权益合计	实收资本（或股本）	其他权益工具			资本公积	减：库存股	其他综合收益	盈余公积	未分配利润	所有者权益合计
		优先股	永续债	其他								优先股	永续债	其他						
一、上年年末余额																				
加：会计政策变更																				
前期差错更正																				
其他																				
二、本年年初余额																				
三、本年增减变动金额（减少以"－"号填列）																				
（一）综合收益总额																				
（二）所有者投入和减少资本																				
1. 所有者投入的普通股																				
2. 其他权益工具持有者投入资本																				
3. 股份支付计入所有者权益的金额																				
4. 其他																				
（三）利润分配																				
1. 提取盈余公积																				
2. 对所有者（或股东）的分配																				

续表6-5

项目	本年金额									上年金额								
	实收资本（或股本）	其他权益工具			资本公积	减：库存股	其他综合收益	盈余公积	未分配利润	所有者权益合计	实收资本（或股本）	其他权益工具			资本公积	减：库存股	其他综合收益	盈余公积	未分配利润	所有者权益合计
		优先股	永续债	其他								优先股	永续债	其他						
3. 其他																				
（四）所有者权益内部结转																				
1. 资本公积转增资本（或股本）																				
2. 盈余公积转增资本（或股本）																				
3. 盈余公积弥补亏损																				
4. 设定受益计划变动额结转留存收益																				
5. 其他综合收益结转留存收益																				
6. 其他																				
四、本年末余额																				

第七章　财务报告编制综合实训

一、实训目的

财务报告编制综合实训是在单项实训的基础上所进行的系统、完整的实训。通过本章的实训,使学生熟练掌握财务报告的编制流程,理解资产负债表、利润表、现金流量表、所有者权益变动表的数据来源,熟练进行报表编制。

二、实训内容

1. 根据经济业务编制会计分录;
2. 根据账户的期初余额、本期发生额结出期末余额,编制期末科目汇总表;
3. 根据账户期末余额编制资产负债表;
4. 根据损益类账户本期发生额编制利润表;
5. 根据资产负债表、利润表编制现金流量表工作底稿;
6. 完成现金流量表的编制。
7. 编制所有者权益变动表。

三、实训案例

(一) 实训资料

ABC公司是一个工业企业,适用的增值税税率为16%,所得税税率为25%。该公司20×8年12月31日财务状况表见表7-1,其中部分账户余额见表7-2。

表 7-1 资产负债表

会企 01 表

编制单位:ABC 公司　　　　　　20×8 年 12 月 31 日　　　　　　单位:元

资　　产	期末余额	年初余额	负债和所有者权益（或股东权益）	期末余额	年初余额
流动资产:			流动负债:		
货币资金	1 500 000		短期借款	400 000	
交易性金融资产	170 000		交易性金融负债	0	
衍生金融资产	0		衍生金融负债		
应收票据及应收账款	570 000		应付票据及应付账款	600 000	
预付款项			预收款项		
其他应收款	10 000		合同负债		
存货	1 000 000		应付职工薪酬	40 000	
合同资产			应交税费	15 000	
持有待售资产			其他应付款	95 000	
一年内到期的非流动资产			持有待售负债		
其他流动资产			一年内到期的非流动负债		
流动资产合计	3 250 000		其他流动负债		
非流动资产:			流动负债合计	1 150 000	
债权投资	20 000		非流动负债:		
其他债权投资			长期借款	1 800 000	
长期应收款			应付债券		
长期股权投资			其中:优先股		
其他权益工具投资			永续债		
其他非流动金融资产			长期应付款		
投资性房地产			预计负债		
固定资产	1 400 000		递延收益		
在建工程	1 430 000		递延所得税负债		
生产性生物资产			其他非流动负债		

(续表 7-1)

资产	期末余额	年初余额	负债和所有者权益（或股东权益）	期末余额	年初余额
油气资产			非流动负债合计	1 800 000	
无形资产	1 000 000		负债合计	2 950 000	
开发支出			所有者权益（或股东权益）：		
商誉			实收资本（或股本）	2 000 000	
长期待摊费用	40 000		其他权益工具		
递延所得税资产			其中：优先股		
其他非流动资产			永续债		
非流动资产合计	3 890 000		资本公积	1 000 000	
			减：库存股		
			其他综合收益		
			盈余公积	590 000	
			未分配利润	600 000	
			所有者权益（或股东权益）合计	4 190 000	
资产总计	7 140 000		负债和所有者权益（或股东权益）总计	7 140 000	

表 7-2 部分账户余额

账户	期末余额	
	借方	贷方
库存现金	20 000	
银行存款	1 480 000	
应收票据	30 000	
应收账款	560 000	
坏账准备		20 000
原材料	740 000	
库存商品	260 000	

(续表 7-2)

账　　　户	期末余额	
	借方	贷方
固定资产	2 000 000	
累计折旧		600 000
在建工程	1 000 000	
工程物资	430 000	
无形资产	1 200 000	
累计摊销		200 000
应付账款		600 000
应付利息		45 000
其他应付款		50 000

20×9 年该公司发生如下相关交易或事项：

1. 行政部职工报销之前暂借的差旅费 8 000 元。

2. 购买材料，买价 200 000 元，增值税 32 000 元，材料已验收入库，货款和增值税用银行存款支付。

3. 摊销已列入长期待摊费用的财产保险费 40 000 元（其中生产车间和行政管理部门分别负担 20 000 元和 20 000 元）。

4. 用银行存款偿还到期长期借款本金 300 000 元和已计提利息 30 000 元（一次还本付息），短期借款本金 400 000 元和已计提的利息 40 000 元。

5. 购入一台不需安装设备，用银行存款支付设备价款 100 000 元及增值税 16 000 元，设备交付使用。

6. 本期发出原材料 800 000 元，其中，生产产品领用 600 000 元，生产车间一般消耗 80 000 元，企业行政管理部门消耗 10 000 元，用于在建工程 110 000 元。

7. 本期计提固定资产折旧 80 010 元，其中，生产车间负担 70 000 元，行政管理部门负担 10 010 元。

8. 本期工资费用分配如下：生产工人 200 000 元，车间管理人员 100 000 元，行政管理人员 80 000 元，销售人员 50 000 元，在建工程人员 80 000 元。

9. 借入长期借款 700 000 元（用于固定资产建造工程），短期借款 180 000 元。

10. 按工资总额的 14% 计提职工福利费。

11. 将未到期的银行承兑汇票 30 000 元办理贴现,贴现息为 600 元。

12. 通过银行账户发放工资 510 000 元。

13. 计提专项用于工程建设的长期借款(一次还本付息)利息 50 000 元,短期借款利息 2 000 元。

14. 毁损一台设备,其账面原始价值为 60 000 元、累计折旧为 40 000 元,用现金支付清理费用 800 元,处置残料取得变价收入 15 000 元,存入银行。

15. 收到持有的股票分得现金股利 20 000 元,收存银行。

16. 计提无形资产摊销 20 000 元。

17. 首次计提固定资产减值损失 90 000 元。

18. 按每股 1.1 元的价格发行面值为 800 000 元的普通股,有关金融机构扣除相关费用 5 000 元。

19. 收到应收账款 200 000 元;收到以前年度已核销的坏账 9 000 元;本年实际发生坏账 70 000 元。

20. 分配结转制造费用,计算并结转完工产品成本。本期没有期初在产品和期末在产品。

21. 将本期生产的产品销售 70%,销售收入为 1 200 000 元,货款及增值税的 30% 尚未收到,70% 已收现并存入银行。结转本期已售产品成本 778 400 元。

22. 计算并结转应交城市维护建设税 60 000 元和应交教育费附加 30 000 元。

23. 用银行存款上交本年应交增值税 90 000 元、城市维护建设税 60 000 元、教育费附加 30 000 元。

24. 用银行存款支付广告费等销售费用 40 000 元。

25. 用银行存款退还客户的押金 40 000 元。

26. 用银行存款购买国债 250 000 元,并准备长期持有。

27. 与债权人达成重组协议,减免应付账款 159 130 元。

28. 用银行存款 400 000 元偿还应付账款。

29. 根据账龄分析本期应计提坏账准备 56 120 元。

30. 结转各损益类账户。

31. 计算本期应交所得税 61 530 元,同时确认所得税费用 25 000 元、递延所得税资产 36 530 元。

32. 结转所得税费用账户。

33. 用银行存款上交所得税 20 000 元。

34. 将本年净利润结转至"利润分配——未分配利润"明细账。

35. 按净利润的 10% 计提法定盈余公积,按净利润的 5% 计提任意盈余公积。

36. 将"利润分配"有关明细账户的余额结转至"未分配利润"明细账。

要求:为 ABC 公司编制 20×9 年年末的资产负债表、利润表、现金流量表、所有者权益变动表。

(二)实训指导

1. 为 ABC 公司 20×9 年经济业务编制会计分录。

(1) 借:管理费用   8 000
      贷:其他应收款   8 000

(2) 借:原材料   200 000
      应交税费——应交增值税(进项税额)   32 000
      贷:银行存款   232 000

(3) 借:管理费用   20 000
      制造费用   20 000
      贷:长期待摊费用   40 000

(4) 借:长期借款   330 000
      短期借款   400 000
      应付利息   40 000
      贷:银行存款   770 000

(5) 借:固定资产   100 000
      应交税费——应交增值税(进项税额)   16 000
      贷:银行存款   116 000

(6) 借:生产成本   600 000
      制造费用   80 000
      管理费用   10 000
      在建工程   110 000
      贷:原材料   800 000

(7) 借:制造费用   70 000
      管理费用   10 010
      贷:累计折旧   80 010

(8) 借:生产成本   200 000
      制造费用   100 000
      管理费用   80 000
      销售费用   50 000
      在建工程   80 000
      贷:应付职工薪酬——工资   510 000

(9) 借:银行存款　　　　　　　　　　　　　　880 000
　　　贷:长期借款　　　　　　　　　　　　　700 000
　　　　　短期借款　　　　　　　　　　　　180 000
(10) 借:生产成本　　　　　　　　　　　　　　28 000
　　　　制造费用　　　　　　　　　　　　　14 000
　　　　管理费用　　　　　　　　　　　　　11 200
　　　　销售费用　　　　　　　　　　　　　7 000
　　　　在建工程　　　　　　　　　　　　　11 200
　　　贷:应付职工薪酬——福利费　　　　　　71 400
(11) 借:银行存款　　　　　　　　　　　　　　29 400
　　　　财务费用　　　　　　　　　　　　　600
　　　贷:应收票据　　　　　　　　　　　　　30 000
(12) 借:应付职工薪酬——工资　　　　　　　　510 000
　　　贷:银行存款　　　　　　　　　　　　　510 000
(13) 借:在建工程　　　　　　　　　　　　　　50 000
　　　　财务费用　　　　　　　　　　　　　2 000
　　　贷:长期借款　　　　　　　　　　　　　50 000
　　　　　应付利息　　　　　　　　　　　　2 000
(14) 借:固定资产清理　　　　　　　　　　　　20 000
　　　　累计折旧　　　　　　　　　　　　　40 000
　　　贷:固定资产　　　　　　　　　　　　　60 000
　　借:固定资产清理　　　　　　　　　　　　800
　　　贷:库存现金　　　　　　　　　　　　　800
　　借:银行存款　　　　　　　　　　　　　　15 000
　　　贷:固定资产清理　　　　　　　　　　　15 000
　　借:资产处置损益　　　　　　　　　　　　5 800
　　　贷:固定资产清理　　　　　　　　　　　5 800
(15) 借:银行存款　　　　　　　　　　　　　　20 000
　　　贷:投资收益　　　　　　　　　　　　　20 000
(16) 借:管理费用　　　　　　　　　　　　　　20 000
　　　贷:累计摊销　　　　　　　　　　　　　20 000
(17) 借:资产减值损失　　　　　　　　　　　　90 000
　　　贷:固定资产减值准备　　　　　　　　　90 000
(18) 借:银行存款　　　　　　　　　　　　　　875 000

	贷:股本	800 000
	资本公积	75 000
(19)	借:银行存款	200 000
	贷:应收账款	200 000
	借:应收账款	9 000
	贷:坏账准备	9 000
	借:银行存款	9 000
	贷:应收账款	9 000
	借:坏账准备	70 000
	贷:应收账款	70 000
(20)	借:生产成本	284 000
	贷:制造费用	284 000
	借:库存商品	1 112 000
	贷:生产成本	1 112 000
(21)	借:银行存款	974 400
	应收账款	417 600
	贷:主营业务收入	1 200 000
	应交税费——应交增值税(销项税额)	192 000
	借:主营业务成本	778 400
	贷:库存商品	778 400
(22)	借:税金及附加	90 000
	贷:应交税费——应交城市维护建设税	60 000
	——应交教育费附加	30 000
(23)	借:应交税费——应交增值税(已交税金)	90 000
	——应交城市维护建设税	60 000
	——应交教育费附加	30 000
	贷:银行存款	180 000
(24)	借:销售费用	40 000
	贷:银行存款	40 000
(25)	借:其他应付款	40 000
	贷:银行存款	40 000
(26)	借:债权投资	250 000
	贷:银行存款	250 000
(27)	借:应付账款	159 130

	贷:营业外收入	159 130

(28) 借:应付账款　　　　　　　　　　　　　　400 000
　　　贷:银行存款　　　　　　　　　　　　　　　　400 000
(29) 借:信用减值损失　　　　　　　　　　　　　56 120
　　　贷:坏账准备　　　　　　　　　　　　　　　　　56 120
(30) 借:主营业务收入　　　　　　　　　　　1 200 000
　　　营业外收入　　　　　　　　　　　　　　159 130
　　　投资收益　　　　　　　　　　　　　　　 20 000
　　　贷:本年利润　　　　　　　　　　　　　　1 379 130
　　借:本年利润　　　　　　　　　　　　　　1 279 130
　　　贷:主营业务成本　　　　　　　　　　　　 778 400
　　　　 税金及附加　　　　　　　　　　　　　　90 000
　　　　 管理费用　　　　　　　　　　　　　　 159 210
　　　　 销售费用　　　　　　　　　　　　　　　97 000
　　　　 财务费用　　　　　　　　　　　　　　　 2 600
　　　　 信用减值损失　　　　　　　　　　　　　56 120
　　　　 资产减值损失　　　　　　　　　　　　　90 000
　　　　 资产处置损益　　　　　　　　　　　　　 5 800
(31) 借:所得税费用　　　　　　　　　　　　　 25 000
　　　递延所得税资产　　　　　　　　　　　　36 530
　　　贷:应交税费——应交企业所得税　　　　　　61 530
(32) 借:本年利润　　　　　　　　　　　　　　 25 000
　　　贷:所得税费用　　　　　　　　　　　　　　25 000
(33) 借:应交税费——应交企业所得税　　　　　20 000
　　　贷:银行存款　　　　　　　　　　　　　　　20 000
(34) 借:本年利润　　　　　　　　　　　　　　 75 000
　　　贷:利润分配——未分配利润　　　　　　　　75 000
(35) 借:利润分配——提取盈余公积　　　　　　11 250
　　　贷:盈余公积——法定盈余公积　　　　　　　 7 500
　　　　　　　　　——法定盈余公积　　　　　　　 3 750
(36) 借:利润分配——未分配利润　　　　　　　11 250
　　　贷:利润分配——提取盈余公积　　　　　　　11 250

2. 根据ABC公司的账户期初余额和本期发生业务的账务处理登记"T"型账户,结出期末余额。

库存现金

期初	20 000		
		(14)	800
合计	0		800
期末	19 200		

交易性金融资产

期初	170 000
期末	170 000

应收票据

期初	30 000		
		(11)	30 000
合计	0		30 000
期末	0		

应收账款

期初	560 000		
(19)	9 000	(19)	200 000
(21)	417 600	(19)	9 000
		(19)	70 000
合计	426 600		279 000
期末	707 600		

原材料

期初	740 000		
(2)	200 000	(8)	800 000
合计	200 000		800 000
期末	140 000		

银行存款

期初	1 480 000		
(9)	880 000	(2)	232 000
(11)	29 400	(4)	770 000
(14)	15 000	(5)	116 000
(15)	20 000	(12)	510 000
(18)	875 000	(23)	180 000
(19)	200 000	(24)	40 000
(19)	9 000	(25)	40 000
(21)	974 400	(26)	250 000
		(28)	400 000
		(33)	20 000
合计	3 002 800		2 558 000
期末	1 924 800		

坏账准备

		期初	20 000
(19)	70 000	(19)	9 000
		(29)	56 120
合计	70 000		65 120
		期末	15 120

其他应收款

期初	10 000		
		(1)	8 000
合计			8 000
期末	2 000		

生产成本

(6)	600 000	(20)	1 112 000
(8)	200 000		
(10)	28 000		
(20)	284 000		
合计	1 112 000		1 112 000
期末	0		

制造费用			
(3)	20 000	(20)	284 000
(6)	80 000		
(7)	70 000		
(8)	100 000		
(10)	14 000		
合计	284 000		284 000
期末	0		

债权投资		
期初	20 000	
(26)	250 000	
合计	250 000	
期末	270 000	

累计折旧			
		期初	600 000
(14)	40 000	(7)	80 010
合计	40 000		80 010
		期末	640 010

固定资产清理			
(14)	20 000	(14)	15 000
(14)	800	(14)	5 800
合计	20 800		20 800
期末	0		

工程物资		
期初	430 000	
期末	430 000	

库存商品			
期初	260 000		
(20)	1 112 000	(21)	778 400
合计	1 112 000		778 400
期末	593 600		

固定资产			
期初	2 000 000		
(5)	100 000	(14)	60 000
合计	100 000		60 000
期末	2 040 000		

固定资产减值准备			
		(17)	90 000
合计			90 000
		期末	90 000

在建工程		
期初	1 000 000	
(6)	110 000	
(8)	80 000	
(10)	11 200	
(13)	50 000	
合计	251 200	
期末	1 251 200	

无形资产		
期初	1 200 000	
期末	1 200 000	

财务报告编制实训

累计摊销

	期初	200 000
	(16)	20 000
合计	0	20 000
期末		220 000

长期待摊费用

期初	40 000		
		(3)	40 000
合计	0		40 000
期末	0		

递延所得税资产

	0	
(31)	36 530	
合计	36 530	0
期末	36 530	

短期借款

		期初	400 000
(4)	400 000	(9)	180 000
合计	400 000		180 000
			180 000

应付职工薪酬

		期初	40 000
		(8)	510 000
(12)	510 000	(10)	71 400
合计	510 000		581 400
			111 400

应付账款

		期初	600 000
(27)	159 130		
(28)	400 000		
合计	559 130		0
			40 870

应付利息

		期初	45 000
(4)	40 000	(13)	2 000
合计	40 000		2 000
			7 000

应交税费

		期初	15 000
(2)	32 000	(21)	192 000
(5)	16 000	(22)	60 000
(23)	90 000	(22)	30 000
(23)	60 000	(31)	61 530
(23)	30 000		
(33)	20 000		
合计	248 000		343 530
			110 530

其他应付款

		期初	50 000
(25)	40 000		
合计	40 000	0	0
			10 000

长期借款			
		期初	1 800 000
(4)	330 000	(9)	700 000
		(13)	50 000
(4)	330 000	(22)	750 000
			2 220 000

资本公积			
		期初	1 000 000
		(18)	75 000
合计	0	(18)	75 000
			1 075 000

利润分配			
		期初	600 000
(35)	11 250	(34)	75 000
(36)	11 250	(36)	11 250
合计	22 500		86 250
			663 750

主营业务成本			
(21)	778 400	(31)	778 400
合计	778 400		778 400

销售费用			
(8)	50 000	(31)	97 000
(10)	7 000		
(24)	40 000		
合计	97 000		97 000

股本			
		期初	2 000 000
		(18)	800 000
合计	0	(18)	800 000
			2 800 000

盈余公积			
		期初	590 000
		(35)	7 500
		(35)	3 750
0	0	(70)	11 250
			601 250

主营业务收入			
(21)	1 200 000	(31)	1 200 000
合计	1 200 000		1 200 000

税金及附加			
(22)	90 000	(31)	90 000
合计	90 000		90 000

信用减值损失			
(29)	56 120	(31)	56 120
合计	56 120		56 120

财务费用			
(11)	600	(31)	2 600
(13)	2 000		
合计	2 600		2 600

管理费用			
(1)	8 000	(31)	159 210
(3)	20 000		
(6)	10 000		
(7)	10 010		
(8)	80 000		
(10)	11 200		
(16)	20 000		
合计	159 210		159 210

投资收益			
(30)	20 000	(15)	20 000
合计	20 000		20 000

资产减值损失			
(17)	90 000	(31)	90 000
合计	90 000		90 000

营业外收入			
(30)	159 130	(27)	159 130
合计	159 130		159 130

资产处置损益			
(14)	5 800	(31)	5 800
	5 800		5 800

所得税费用			
(31)	25 000	(32)	25 000
合计	25 000		25 000

本年利润			
(30)	1 279 130	(30)	1 379 130
(32)	25 000		
(34)	75 000		
合计	1 379 130		1 379 130

3. 根据 ABC 公司发生业务编制发生额及余额试算平衡表，为编制财务报告做好前期准备。

表 7-3　20×9 年试算平衡表

账　户	期初余额		本期发生额		期末余额	
	借方	贷方	借方	贷方	借方	贷方
库存现金	20 000		0	800	19 200	
银行存款	1 480 000		3 002 800	2 558 000	1 924 800	
交易性金融资产	170 000		0	0	170 000	
应收票据	30 000		0	30 000	0	
应收账款	560 000		426 600	279 000	707 600	
坏账准备		20 000	70 000	65 120		15 120

(续表7-3)

账　　户	期初余额		本期发生额		期末余额	
	借方	贷方	借方	贷方	借方	贷方
其他应收款	10 000		0	8 000	2 000	
原材料	740 000		200 000	800 000	140 000	
生产成本	0		1 112 000	1 112 000	0	
制造费用	0		284 000	284 000	0	
库存商品	260 000		1 112 000	778 400	593 600	
债权投资	20 000		250 000		270 000	
固定资产	2 000 000		100 000	60 000	2 040 000	
累计折旧		600 000	40 000	80 010		640 010
固定资产减值准备		0		90 000		90 000
固定资产清理			20 800	20 800	0	
在建工程	1 000 000		251 200	0	1 251 200	
工程物资	430 000		0	0	430 000	
无形资产	1 200 000		0	0	1 200 000	
累计摊销		200 000	0	20 000		220 000
长期待摊费用	40 000		0	40 000	0	
递延所得税资产			36 530	0	36 530	
短期借款		400 000	400 000	180 000		180 000
应付账款		600 000	559 130	0		40 870
应付职工薪酬		40 000	510 000	581 400		111 400
应交税费		15 000	248 000	343 530		110 530
应付利息		45 000	40 000	2 000		7 000
其他应付款		50 000	40 000	0		10 000
长期借款		1 800 000	330 000	750 000		2 220 000
实收资本		2 000 000	0	800 000		2 800 000
资本公积		1 000 000		75 000		1 075 000
盈余公积		590 000	0	11 250		601 250

(续表 7-3)

账　户	期初余额		本期发生额		期末余额	
	借方	贷方	借方	贷方	借方	贷方
利润分配		600 000	22 500	86 250		663 750
主营业务收入			1 200 000	1 200 000		
主营业务成本			778 400	778 400		
税金及附加			90 000	90 000		
销售费用			97 000	97 000		
管理费用			159 210	159 210		
财务费用			2 600	2 600		
信用减值损失			56 120	56 120		
资产减值损失			90 000	90 000		
投资收益			20 000	20 000		
资产处置损益			5 800	5 800		
营业外收入			159 130	159 130		
所得税费用			25 000	25 000		
本年利润			1 379 130	1 379 130		
合计	7 960 000	7 960 000	13 117 950	13 117 950	8 784 930	8 784 930

4. 根据 ABC 公司 20×9 年发生额及余额试算平衡表完成该公司 20×9 年 12 月 31 日资产负债表。

表 7-4　资产负债表

会证 01

编制单位：ABC 公司　　　　　　20×9 年 12 月 31 日　　　　　　单位：元

资　产	期末余额	年初余额	负债和所有者权益（或股东权益）	期末余额	年初余额
流动资产：			流动负债：		
货币资金	1 944 000	1 500 000	短期借款	180 000	400 000
交易性金融资产	170 000	170 000	交易性金融负债		
衍生金融资产			衍生金融负债		

(续表 7-4)

资　　产	期末余额	年初余额	负债和所有者权益（或股东权益）	期末余额	年初余额
应收票据及应收账款	692 480	570 000	应付票据及应付账款	40 870	600 000
预付款项			预收款项		
其他应收款	2 000	10 000	合同负债		
存货	733 600	1 000 000	应付职工薪酬	111 400	40 000
合同资产			应交税费	110 530	15 000
持有待售资产			其他应付款	17 000	95 000
一年内到期的非流动资产			持有待售负债		
其他流动资产			一年内到期的非流动负债		
流动资产合计	3 542 080	3 080 000	其他流动负债		
非流动资产：			流动负债合计	459 800	1 150 000
债权投资	270 000	20 000	非流动负债：		
其他债权投资			长期借款	2 220 000	1 800 000
长期应收款			应付债券		
长期股权投资			其中：优先股		
其他权益工具投资			永续债		
其他非流动金融资产			长期应付款		
投资性房地产			预计负债		
固定资产	1 309 990	1 400 000	递延收益		
在建工程	1 681 200	1 430 000	递延所得税负债		
生产性生物资产			其他非流动负债		
油气资产			非流动负债合计	2 220 000	1 800 000
无形资产	980 000	1 000 000	负债合计	2 679 800	2 950 000
开发支出			所有者权益（或股东权益）：		
商誉			实收资本（或股本）	2 800 000	2 000 000
长期待摊费用	0	40 000	其他权益工具		

(续表7-4)

资产	期末余额	年初余额	负债和所有者权益（或股东权益）	期末余额	年初余额
递延所得税资产	36 530		其中：优先股		
其他非流动资产			永续债		
非流动资产合计	4 277 720	4 060 000	资本公积	1 075 000	1 000 000
			减：库存股		
			其他综合收益		
			盈余公积	601 250	590 000
			未分配利润	663 750	600 000
			所有者权益（或股东权益）合计	5 140 000	4 190 000
资产总计	7 819 800	7 140 000	负债和所有者权益（或股东权益）总计	7 819 800	7 140 000

5. 根据ABC公司20×9年发生额及余额试算平衡表完成该公司20×9年利润表。

表7-5 利 润 表

会企02表

编制单位：ABC公司　　　　　20×9年 12 月　　　　　　　　　单位：元

项　　目	本期金额	上期金额
一、营业收入	1 200 000	
减：营业成本	778 400	
税金及附加	90 000	
销售费用	97 000	
管理费用	159 210	
研发费用	0	
财务费用	2 600	
其中：利息费用	2 600	
利息收入	0	
资产减值损失	90 000	

(续表 7-5)

项　　　　目	本期金额	上期金额
信用减值损失	56 120	
加:其他收益		
投资收益(损失以"-"号填列)	20 000	
其中:对联营企业和合营企业的投资收益		
净敞口套期收益(损失以"-"号填列)		
公允价值变动收益(损失以"-"号填列)		
资产处置收益(损失以"-"号填列)	-5 800	
二、营业利润(亏损以"-"号填列)	-59 130	
加:营业外收入	159 130	
减:营业外支出	0	
三、利润总额(亏损总额以"-"号填列)	100 000	
减:所得税费用	25 000	
四、净利润(净亏损以"-"号填列)	75 000	
(一)持续经营净利润(净亏损以"-"号填列)		
(二)终止经营净利润(净亏损以"-"号填列)		
五、其他综合收益的税后净额		
(一)不能重分类进损益的其他综合收益		
1. 重新计量设定受益计划变动额		
2. 权益法下不能转损益的其他综合收益		
3. 其他权益工具投资公允价值变动		
4. 企业自身信用风险公允价值变动		
……		
(二)将重分类进损益的其他综合收益		
1. 权益法下可转损益的其他综合收益		
2. 其他债权投资公允价值变动		
3. 金融资产重分类计入其他综合收益的金额		
4. 其他债权投资信用减值准备		

(续表 7-5)

项目	本期金额	上期金额
5. 现金流量套期储备		
6. 外币财务报表折算差额		
……		
六、综合收益总额		
七、每股收益：		
（一）基本每股收益		
（二）稀释每股收益		

6. 将 ABC 公司的资产负债表和利润表过入该公司的现金流量表工作底稿。

表 7-6 现金流量表工作底稿

项目	期初数	调整分录		期末数
		借方	贷方	
一、资产负债表项目				
借方项目：				
货币资金	1 500 000			1 944 000
交易性金融资产	170 000			170 000
应收票据及应收账款	590 000			707 600
其他应收款	10 000			2 000
存货	1 000 000			733 600
债权投资	20 000			270 000
固定资产	2 000 000			2 040 000
在建工程	1 430 000			1 681 200
无形资产	1 200 000			1 200 000
长期待摊费用	40 000			0
递延所得税资产	0			36 530
借方项目合计	7 960 000			8 784 930
贷方项目：				
坏账准备	20 000			15 120

(续表 7-6)

项目	期初数	调整分录 借方	调整分录 贷方	期末数
累计折旧	600 000			640 010
固定资产减值准备	0			90 000
累计摊销	200 000			220 000
短期借款	400 000			180 000
应付票据及应付账款	600 000			40 870
应付职工薪酬	40 000			111 400
应交税费	15 000			110 530
其他应付款	95 000			17 000
长期借款	1 800 000			2 220 000
实收资本（或股本）	2 000 000			2 800 000
资本公积	1 000 000			1 075 000
盈余公积	590 000			601 250
未分配利润	600 000			663 750
贷方项目合计	7 960 000			8 784 930

项目	调整分录 借方	调整分录 贷方	期末数
二、利润表项目			
营业收入			1 200 000
营业成本			778 400
税金及附加			90 000
销售费用			97 000
管理费用			159 210
财务费用			2 600
资产减值损失			90 000
信用减值损失			56 120
投资收益			20 000

(续表7-6)

项目	期初数	调整分录 借方	调整分录 贷方	期末数
资产处置损益				5 800
营业外收入				159 130
所得税费用				25 000
净利润				75 000
三、现金流量表项目				
(一)经营活动产生的现金流量				
销售商品、提供劳务收到的现金				
收到的税费返还				
收到其他与经营活动有关的现金				
现金流入小计				
购买商品、接受劳务支付的现金				
支付给职工以及为职工支付的现金				
支付的各项税费				
支付其他与经营活动有关的现金				
现金流出小计				
经营活动产生现金流量净额				
(二)投资活动产生的现金流量				
收回投资收到的现金				
取得投资收益收到的现金				
处置固定资产、无形资产和其他长期资产收回的现金净额				
处置子公司及其他营业单位收到的现金净额				
收到其他与投资活动有关的现金				
现金流入小计				
购建固定资产、无形资产和其他长期资产支付的现金				

(续表 7-6)

项　　目	期初数	调整分录 借方	调整分录 贷方	期末数
投资支付的现金				
取得子公司及其他营业单位支付的现金净额				
支付其他与投资活动有关的现金				
现金流出小计				
投资活动产生现金净额				
(三)筹资活动产生的现金流量				
吸收投资收到的现金				
取得借款收到的现金				
收到其他与筹资活动有关的现金				
现金流入小计				
偿还债务支付的现金				
分配股利、利润或偿付利息支付的现金				
支付其他与筹资活动有关的现金				
现金流出小计				
筹资活动产生现金流量净额				
(四)现金及现金等价物净增加额				
调整分录合计				—

7. 对当期业务进行分析并编制调整分录。

假定编制该公司现金流量表时所用的现金概念与货币资金完全一致。编制调整分录时，以利润表项目为基础，从营业收入开始，结合资产负债表项目逐一进行分析，调整完利润表项目，进而调整资产负债表项目。

(1)分析调整营业收入

营业收入和增值税销项税额会带来经营活动现金流量；取得营业收入若当期未收回，也会对应收款项发生影响；当期收回以前未收回的应收款项，也会带来现金流入。分析本期所确认的营业收入，主要分析营业收入以及对应的应收款项的变化。

本期所确认的营业收入为 1 200 000 元,销售商品对应的增值税销项税额为 192 000 元,营业收入和销项税额带来的现金流量属于"经营活动现金流量——销售商品、提供劳务收到的现金"。由于销售并非都为现销,营业收入和销项税额还会引起非现金项目增减变化。本例中涉及"应收票据及应收账款"项目,因而需同时分析"应收票据及应收账款"项目的变动。本例中"应收票据及应收账款"账户期初数为 590 000 元,期末数为 707 600 元,增加了 117 600 元。编制的调整分录为:

借:经营活动现金流量——销售商品、提供劳务收到现金　　1 274 400
　　应收票据及应收账款　　　　　　　　　　　　　　　　117 600
　贷:营业收入　　　　　　　　　　　　　　　　　　　　1 200 000
　　应交税费——应交增值税(销项税额)　　　　　　　　　 192 000

(2) 分析调整营业成本

本期的营业成本为 778 400 元,营业成本应来自于存货,因而分析调整营业成本时需同时考虑资产负债表存货项目的变化。购入存货时要同时支付增值税进项税额,导致现金流出,计入"经营活动现金流量——购买商品、接受劳务支付的现金"项目。本期存货减少了 266 400 元,购入存货支付的增值税进项税额为 32 000 元。注意:购入固定资产、工程物资支付的增值税进项税额属于"投资活动现金流量——购置固定资产、无形资产和其他长期资产支付的现金"项目反映。

由于购入存货并非都是现购,因而购入存货,还可能影响预付账款、应付账款、应付票据等账户的变动。本例中"应付票据及应付账款"期初数为 600 000 元,期末数为 40 870 元,减少了 559 130 元。

本笔分录只做初步调整,即在营业成本的基础上,将应付票据及应付账款、存货的减少暂且作为"购买商品、接受劳务支付的现金"处理。

借:营业成本　　　　　　　　　　　　　　　　　　　　　778 400
　　应交税费——应交增值税(进项税额)　　　　　　　　　 32 000
　　应付票据及应付账款　　　　　　　　　　　　　　　　559 130
　贷:存货　　　　　　　　　　　　　　　　　　　　　　 266 400
　　经营活动现金流量——购买商品、接受劳务支付的现金　 1 103 130

(3) 分析调整税金及附加

本期确认的税金及附加为 90 000 元,从"T"型账户可看出,其对应账户为应交税费;从第 23 笔经济业务可以看出,当期交纳了 90 000 元增值税、60 000 元城市维护建设税、35 000 元教育费附加。编制的调整分析分录为:

借:税金及附加　　　　　　　　　　　　　　　　　　　　 90 000
　贷:应交税费——应交城市维护建设税　　　　　　　　　　60 000
　　　　　　——应交教育费附加　　　　　　　　　　　　 30 000

（4）分析调整销售费用

本期确认的销售费用为97 000元,销售费用的发生带来的现金流出属于"经营活动现金流量——支付的其他与经营活动有关的现金"项目,暂且将本期确认的销售费用都作为现金流出处理,若有销售费用的发生没有带来现金流出情况的,后面再做调整。因而编制的调整分录为：

借：销售费用　　　　　　　　　　　　　　　　　　　　　　　　97 000
　　贷：经营活动现金流量——支付的其他与经营活动有关的现金　97 000

（5）分析调整管理费用

本期确认的管理费用为159 210元,管理费用的发生带来的现金流出属于"经营活动现金流量——支付的其他与经营活动有关的现金"项目,暂且将本期确认的管理费用都作为现金流出处理,若有管理费用的发生没有带来现金流出情况的,后面再做调整,编制的调整分录为：

借：管理费用　　　　　　　　　　　　　　　　　　　　　　　　159 210
　　贷：经营活动现金流量——支付的其他与经营活动有关的现金
　　　　　　　　　　　　　　　　　　　　　　　　　　　　　　159 210

（6）分析调整财务费用

本期确认的财务费用为2 600元,由"T"型账户可以看出,本期第11笔、13笔经济业务涉及财务费用。第11笔经济业务中,财务费用的发生对应着应收票据的减少,而在第1笔调整分录中将应收票据的变动都计入了"经营活动现金流量——销售商品、提供劳务收到的现金"项目中,而第11笔经济业务中应收票据的减少并不是因为销售商品收到现金,而是计入财务费用。因而应在调整分录(1)的基础上调整减少"销售商品、提供劳务收到现金"项目。第13笔经济业务中财务费用的发生对应着应付利息账户,报表中计入"其他应付款"。编制的调整分录为：

借：财务费用　　　　　　　　　　　　　　　　　　　　　　　　2 600
　　贷：经营活动现金流量——销售商品、提供劳务收到的现金　　600
　　　　其他应付款　　　　　　　　　　　　　　　　　　　　　2 000

（7）分析调整资产减值损失

本期确认的资产减值损失为90 000元,从"T"型账户可以看出,本期资产减值损失是计提固定资产减值准备。编制的调整分录为：

借：资产减值损失　　　　　　　　　　　　　　　　　　　　　　90 000
　　贷：固定资产减值准备　　　　　　　　　　　　　　　　　　90 000

（8）分析调整信用减值损失

本期确认的信用减值损失为56 120元,从"T"型账户可以看出,本期资产信用损失是计提坏账准备。编制的调整分录为：

借：信用减值损失　　　　　　　　　　　　　　　　　　　56 120
　　　　贷：坏账准备　　　　　　　　　　　　　　　　　　　　　56 120
　（9）分析调整投资收益
　　本期确认的投资收益为20 000元,为第15笔经济业务收到现金股利,属于"投资活动现金流量——取得投资收益收到的现金"项目,编制的调整分录为:
　　借：投资活动现金流量——取得投资收益收到现金　　　　20 000
　　　　贷：投资收益　　　　　　　　　　　　　　　　　　　　20 000
　（10）分析调整资产处置损益
　　本期确认的资产处置损益5 800元,从"T"型账户可以看出涉及第14笔经济业务,处置固定资产发生损失5 800元,同时导致固定资产、累计折旧减少,处置固定资产带来现金流入,属于"投资活动现金流量——处置固定资产、无形资产和其他长期资产收到的现金"。编制的调整分录为:
　　借：资产处置损益　　　　　　　　　　　　　　　　　　　　5 800
　　　　累计折旧　　　　　　　　　　　　　　　　　　　　　　40 000
　　　　投资活动现金流量——处置固定资产、无形资产和其他长期资产收到现金
　　　　　　　　　　　　　　　　　　　　　　　　　　　　　　14 200
　　　　贷：固定资产　　　　　　　　　　　　　　　　　　　　60 000
　（11）分析调整营业外收入
　　本期确认的营业外收入为159 130元,为第27笔经济业务发生债务重组,减免了企业159 130元应付账款,导致营业外收入增加。而在调整分录(2)中将"应付票据及应付账款"的变动都记入了"经营活动现金流量——购买商品、接受劳务支付的现金"项目内,而在第27笔经济业务中,应付账款的减少并没有带来现金流量增加,而是导致营业外收入增加。因而应在调整分录(2)的基础上,调整减少"经营活动现金流量——购买商品、接受劳务支付的现金"项目。编制的调整分录为:
　　借：经营活动现金流量——购买商品、接受劳务支付的现金　159 130
　　　　贷：营业外收入　　　　　　　　　　　　　　　　　　　159 130
　（12）分析调整所得税费用
　　本期确认的所得税费用为25 000元,由"T"型账户可以看出,确认所得税费用时对应的账户为"应交税费""递延所得税资产",同时企业用银行存款交纳了20 000元的所得税,导致现金流出企业,属于"经营活动现金流量——支付的各项税费"项目。编制的调整分录为:
　　借：所得税费用　　　　　　　　　　　　　　　　　　　　　25 000
　　　　递延所得税资产　　　　　　　　　　　　　　　　　　　36 530
　　　　贷：应交税费——应交企业所得税　　　　　　　　　　　61 530

(13) 分析调整净利润

本期确认的净利润为 75 000 元,结转净利润导致未分配利润增加。编制的调整分录为:

借:净利润 75 000
　　贷:未分配利润 75 000

(14) 分析调整其他应收款

利润表项目调整结束,进而调整资产负债表项目。其他应收款期初余额为 10 000 元,期末余额为 2 000 元,减少 8 000 元。从"T"型账户可以看出对应账户为管理费用,导致管理费用增加 8 000 元。而调整分录(5)将管理费用的变动都记入了"经营活动现金流量——支付的其他与经营活动有关的现金"项目。在第 1 笔经济业务中,管理费用的增加并没有导致现金流出,而是其他应收款的减少。因而应在调整分录(5)的基础上,调整减少"经营活动现金流量——支付的其他与经营活动有关的现金"项目。编制的调整分录为:

借:经营活动现金流量——支付的其他与经营活动有关的现金 8 000
　　贷:其他应收款 8 000

(15) 债权投资

本期债权投资期初为 20 000 元,期末余额为 270 000 元,增加了 250 000 元。由"T"型账户可以看出第 26 笔经济业务导致债权投资增加 250 000 元,同时现金减少 250 000 元,记入"投资活动现金流量——投资支付的现金"项目。编制的调整分录为:

借:债权投资 250 000
　　贷:投资活动现金流量——投资支付的现金 250 000

(16) 分析调整固定资产

本期固定资产期初为 2 000 000 元,期末余额为 2 040 000 元,增加了 40 000 元。调整分录(10)已经调整减少了固定资产 60 000 元,由"T"型账户可以看出还有第 5 笔经济业务涉及固定资产。第 5 笔经济业务导致现金流出企业,属于"投资活动现金流量——购置固定资产、无形资产和其他长期资产支付的现金"。编制的调整分录为:

借:固定资产 100 000
　　应交税费——应交增值税(进项税额) 16 000
　　贷:投资活动现金流量——购置固定资产、无形资产和其他长期资产支付现金 116 000

(17) 分析调整在建工程

本期在建工程期初为 1 430 000 元,期末余额为 1 681 200 元,增加了 251 200

元。由"T"型账户可以看出,第6、8、10、13笔经济业务涉及在建工程。第6笔经济业务中,在建工程增加110 000元,存货减少110 000元,由于调整分录(2)将存货的变动都记入"经营活动现金流量——购买商品、接受劳务支付现金",而此处存货的变动并没有带来现金流量的变化,而是在建工程的增加,因而应在调整分录(2)的基础上,调整"购买商品、接受劳务支付的现金"项目。第8、10笔经济业务中,在建工程的增加是由于"应付职工薪酬"的增加,应计入"应付职工薪酬"。第13笔经济业务中,在建工程的增加是计入"长期借款"。编制的调整分录为:

借:在建工程　　　　　　　　　　　　　　　　　　　251 200
　贷:经营活动现金流量——购买商品、接受劳务支付的现金　110 000
　　　应付职工薪酬　　　　　　　　　　　　　　　　　　91 200
　　　长期借款　　　　　　　　　　　　　　　　　　　　50 000

(18) 分析长期待摊费用

本期期初长期待摊费用为40 000元,期末余额为0元,本期减少了40 000元。由"T"型账户可以看出,本期长期待摊费用减少是摊销财产保险费。第3笔经济业务中,制造费用增加20 000元,管理费用增加20 000元。制造费用形成存货,由于调整分录(2)将存货的变动都记入"经营活动现金流量——购买商品、接受劳务支付现金",而此处存货的变动并没有带来现金流量的变化,因而应在调整分录(2)的基础上,调整"购买商品、接受劳务支付的现金"项目。调整分录(5)将所有的管理费用计入"经营活动现金流量——支付的其他与经营活动有关的现金",长期待摊费用并没有实际现金流出,因而应在调整分录(5)的基础上,调整"经营活动现金流量——支付的其他与经营活动有关的现金"项目。编制的调整分录为:

借:经营活动产生的现金流量——购买商品、接受劳务支付的现金
　　　　　　　　　　　　　　　　　　　　　　　　　20 000
　　　　　　　　　　——支付其他与经营活动有关的现金
　　　　　　　　　　　　　　　　　　　　　　　　　20 000
　贷:长期待摊费用　　　　　　　　　　　　　　　　40 000

(19) 分析调整坏账准备

本期期初坏账准备为20 000元,期末余额为15 120元,本期减少了4 880元。调整分录(8)已经调整了坏账准备56 120元的贷方发生额,由"T"型账户可以看出,还有第19笔经济业务涉及坏账准备账户。第19笔经济业务中,收到已核销的应收账款9 000元,导致应收账款增加9 000元并收回现金。第19笔经济业务还确认了70 000元的坏账,发生坏账,导致应收账款减少70 000元。由于调整分录(1)将应收账款的变动都记入"销售商品、提供劳务收到现金",因而应在调整分录(1)的基础上,调整"销售商品、提供劳务收到的现金"项目。编制的调整分录为:

借:经营活动现金流量——销售商品、提供劳务收到的现金　　9 000
　　贷:坏账准备　　　　　　　　　　　　　　　　　　　　　　9 000
借:坏账准备　　　　　　　　　　　　　　　　　　　　　　　　70 000
　　贷:经营活动现金流量——销售商品、提供劳务收到的现金　　70 000

(20) 分析调整累计折旧

调整分录(10)已分析调整了累计折旧的借方发生额,由"T"型账户可以看出,累计折旧有 80 010 元的贷方发生额,为本期计提的累计折旧。其中车间折旧 70 000 元,计入制造费用,后分配计入产品成本,它导致存货增加 70 000 元,但并没有任何现金流出,而调整分录(2)假设所有存货增加都导致"购买商品、提供劳务支付现金",故应在调整分录(2)的基础上调整减少"购买商品、接受劳务支付现金" 70 000 元;计入管理费用的累计折旧为 10 010 元,由于调整分录(5)假设所有的管理费用都对应有现金流出,因而应在调整分录(5)的基础上,调整减少"支付的其他与经营活动有关的现金" 10 010 元。编制的调整分录为:

借:经营活动现金流量——购买商品、接受劳务支付的现金　　70 000
　　　　　　　　　　　——支付的其他与经营活动有关的现金　　10 010
　　贷:累计折旧　　　　　　　　　　　　　　　　　　　　　　80 010

(21) 分析调整累计摊销

本期确认的累计摊销为 20 000 元,计入管理费用,由于调整分录(5)假设所有的管理费用都对应有现金流出,属于"经营活动现金流量——支付的其他与经营活动有关的现金",而摊销无形资产没有导致现金流出,因而应在调整分录(5)的基础上,调整减少"支付的其他与经营活动有关的现金" 20 000 元。编制的调整分录为:

借:经营活动现金流量——支付的其他与经营活动有关的现金　　20 000
　　贷:累计摊销　　　　　　　　　　　　　　　　　　　　　　20 000

(22) 分析调整短期借款

由"T"型账户可以看出,本期涉及短期借款的经济业务有第 4 笔和第 9 笔。第 4 笔经济业务用银行存款偿还短期借款本金 400 000 元和已计利息 40 000 元,导致现金流出,归还短期借款本金 400 000 元属于"筹资活动现金流量——偿还债务支付的现金",支付短期借款利息 40 000 元(报表中计入"其他应付款")导致现金流出,属于"筹资活动现金流量——分配股利、利润或偿付利息支付的现金"。第 9 笔经济业务借入短期借款 180 000 元,导致现金流入企业,属于"筹资活动现金流量——取得借款收到的现金"。编制的调整分录为:

借:短期借款　　　　　　　　　　　　　　　　　　　　　　　　400 000
　　其他应付款　　　　　　　　　　　　　　　　　　　　　　　40 000
　　贷:筹资活动现金流量——偿还债务支付的现金　　　　　　　　400 000

　　　　　　——分配股利、利润或偿付利息支付的现金
　　　　　　　　　　　　　　　　　　　　　　　　40 000
　　借:筹资活动现金流量——取得借款收到的现金　　180 000
　　　贷:短期借款　　　　　　　　　　　　　　　　　　180 000
　(23)分析应付职工薪酬
　　应付职工薪酬期初余额为贷方40 000元,期末余额为贷方111 400元,由"T"型账户可以看出第8、10笔经济业务涉及应付职工薪酬的增加,调整分录(18)已计入91 200元,剩余490 200元分别计入生产成本228 000元、制造费用114 000元、管理费用91 200元、销售费用57 000元,生产成本和制造费用形成存货,导致存货增加798 000元,但并没有任何现金流出,而调整分录(2)假设所有存货增加都导致"经营活动现金流量——购买商品、提供劳务支付现金",故应在调整分录(2)的基础上调整减少"购买商品、接受劳务支付现金"342 000元;计入管理费用的应付职工薪酬为91 200元,由于调整分录(5)假设所有的管理费用都对应有现金流出,因而应在调整分录(5)的基础上,调整减少"支付的其他与经营活动有关的现金"91 200元;计入销售费用的应付职工薪酬为57 000元,由于调整分录(4)假设所有的销售费用都对应有现金流出,因而应在调整分录(4)的基础上,调整减少"支付的其他与经营活动有关的现金"57 000元。第12笔经济业务涉及应付职工薪酬的减少,为发放工资,导致现金流出企业,其中80 000元是支付给工程建设人员,属于"投资活动产生的现金流量——购建固定资产、无形资产和其他长期资产支付的现金",其他属于"经营活动现金流量——支付给职工以及为职工支付的现金"。编制的调整分录为:
　　借:经营活动现金流量——购买商品、提供劳务支付现金　　342 000
　　　　　　　　　　　——支付的其他与经营活动有关的现金　148 200
　　　贷:应付职工薪酬　　　　　　　　　　　　　　　　　　490 200
　　借:应付职工薪酬　　　　　　　　　　　　　　　　　　　510 000
　　　贷:投资活动产生的现金流量——购建固定资产、无形资产和其他长期资产支付的现金　　　　　　　　　　　　　　　　　　　　　80 000
　　　　　经营活动现金流量——支付给职工以及为职工支付的现金
　　　　　　　　　　　　　　　　　　　　　　　　　　　　　430 000
　(24)分析应交税费
　　应交税费期初余额为贷方15 000元,期末余额为贷方110 530元。由"T"型账户可以看出,本期涉及应交税费的经济业务较多。其中导致应交税费增加的是第21、23、31笔经济业务,调整分录(1)、(3)、(12)已调整完成。导致应交税费减少的是第2、5、23、33笔经济业务,调整分录(2)、(17)已完成第2、5笔经济业务的调整。

第23、33笔经济业务都是用银行存款缴纳税款,导致现金流出,属于"经营活动产生的现金流量——支付的各项税费"。编制的调整分录为:

借:应交税费 200 000
  贷:经营活动产生的现金流量——支付的各项税费 200 000

(25)分析调整其他应付款

其他应付款期初余额为贷方 95 000 元,期末余额为贷方 17 000 元,其他应付款项目包括"应付利息""应付股利""其他应付款"账户,调整分录(6)(23)已做部分调整,剩下其他应付款的减少 40 000 元,为退还客户押金,导致现金流出企业,属于"经营活动现金流量——支付的其他与经营活动有关的现金"。编制的调整分录为:

借:其他应付款 40 000
  贷:经营活动现金流量——支付的其他与经营活动有关的现金 40 000

(26)分析调整长期借款

由"T"型账户可以看出,本期涉及短期借款的经济业务有第4、9、13笔业务。第13笔业务在调整分录(18)已经完成。第4笔经济业务用银行存款偿还长期借款本金 300 000 元 和利息 30 000 元,导致现金流出,归还本金 300 000 元属于"筹资活动现金流量——偿还债务支付的现金",支付利息 30 000 元,导致现金流出,属于"筹资活动现金流量——分配股利、利润或偿付利息支付的现金"。第9笔经济业务借入长期借款 700 000 元,导致现金流入企业,属于"筹资活动现金流量——取得借款收到的现金"。编制的调整分录为:

借:长期借款 330 000
  贷:筹资活动现金流量——偿还债务支付的现金 300 000
    ——分配股利、利润或偿付利息支付的现金 30 000

借:筹资活动现金流量——取得借款收到的现金 700 000
  贷:长期借款 700 000

(27)分析调整实收资本

实收资本期初余额为贷方 2 000 000 元,期末余额为贷方 2 800 000 元,当期增加 800 000 元。由"T"型账户可以看出第18笔经济业务涉及实收资本,为发行股票筹集 875 000 元资金,属于"筹资活动现金流量——吸收投资收到的现金",同时实收资本增加 800 000 元,资本公积增加 75 000 元。编制的调整分录为:

借:筹资活动现金流量——吸收投资收到的现金 875 000
  贷:实收资本 800 000
    资本公积 75 000

(28) 分析调整盈余公积

本期增加的盈余公积为 11 250 元,提取盈余公积导致未分配利润减少。编制的调整分录为:

  借:未分配利润   11 250
    贷:盈余公积   11 250

(29) 分析调整现金净变化额

  借:货币资金   444 000
    贷:现金净增加额   444 000

8. 将调整分录过入工作底稿相应项目的调整分录栏内,结出现金流量表项目经营活动现金流量净额、投资活动现金流量净额、筹资活动现金流量净额和现金及现金等价物净增加额,见表 7-7。验证现金及现金等价物净增加额与资产负债表货币资金项目是否保持一致。

表 7-7 现金流量表工作底稿

项 目	期初数	调整分录 借方	调整分录 贷方	期末数
一、资产负债表项目				
借方项目:				
货币资金	1 500 000	(29) 444 000		1 944 000
交易性金融资产	170 000			170 000
应收票据及应收账款	590 000	(1) 117 600		707 600
其他应收款	10 000		(14) 8 000	2 000
存货	1 000 000		(2) 266 400	733 600
债权投资	20 000	(15) 250 000		270 000
固定资产	2 000 000	(16) 100 000	(10) 60 000	2 040 000
在建工程	1 430 000	(17) 251 200		1 681 200
无形资产	1 200 000			1 200 000
长期待摊费用	40 000		(18) 40 000	0
递延所得税资产	0	(12) 36 530		36 530
借方项目合计	7 960 000	—	—	8 784 930
贷方项目:				

(续表 7-7)

项 目	期初数	调整分录 借方		调整分录 贷方		期末数
坏账准备	20 000	(19)	70 000	(8) (19)	56 120 9 000	15 120
累计折旧	600 000	(10)	40 000	(20)	80 010	640 010
固定资产减值准备	0			(7)	90 000	90 000
累计摊销	200 000			(21)	20 000	220 000
短期借款	400 000	(22)	400 000	(22)	180 000	180 000
应付票据及应付账款	600 000	(2)	559 130			40 870
应付职工薪酬	40 000	(23)	510 000	(17) (23)	91 200 490 200	111 400
应交税费	15 000	(2) (16) (24)	32 000 16 000 200 000	(1) (3) (3) (12)	192 000 60 000 30 000 61 530	110 530
其他应付款	95 000	(22) (25)	40 000 40 000	(6)	2 000	17 000
长期借款	1 800 000	(26)	330 000	(17) (26)	50 000 700 000	2 220 000
实收资本(或股本)	2 000 000			(27)	800 000	2 800 000
资本公积	1 000 000			(27)	75 000	1 075 000
盈余公积	590 000			(28)	11 250	601 250
未分配利润	600 000	(28)	11 250	(13)	75 000	663 750
贷方项目合计	7 960 000	—		—		8 784 930

项 目	调整分录 借方		调整分录 贷方		本期数
二、利润表项目					
营业收入			(1)	1 200 000	1 200 000
营业成本	(2)	778 400			778 400
税金及附加	(3)	90 000			90 000
销售费用	(4)	97 000			97 000

(续表 7-7)

项　　目	调整分录 借方	调整分录 贷方	本期数
管理费用	(5) 159 210		159 210
财务费用	(6) 2 600		2 600
资产减值损失	(7) 90 000		90 000
信用减值损失	(8) 56 120		56 120
投资收益		(9) 20 000	20 000
资产处置损益	(10) 5 800		5 800
营业外收入		(11) 159 130	159 130
所得税费用	(12) 25 000		25 000
净利润	(13) 75 000		75 000
三、现金流量表项目			
（一）经营活动产生的现金流量			
销售商品、提供劳务收到的现金	(1) 1 274 400 (19) 9 000	(6) 600	(19) 70 000
收到的税费返还			
收到其他与经营活动有关的现金			
现金流入小计			1 212 800
购买商品、接受劳务支付的现金	(11) 159 130 (19) 20 000 (20) 70 000 (23) 342 000	(2) 1 103 130 (17) 110 000	622 000
支付给职工以及为职工支付的现金		(23) 430 000	430 000
支付的各项税费		(24) 200 000	200 000
支付其他与经营活动有关的现金	(14) 8 000 (18) 20 000 (20) 10 010 (21) 20 000 (23) 148 200	(3) 97 000 (5) 159 210 (25) 40 000	90 000
现金流出小计			1 342 000
经营活动产生现金流量净额			(129 200)
（二）投资活动产生的现金流量			

(续表 7-7)

项　目	调整分录 借方	调整分录 贷方	本期数
收回投资收到的现金			
取得投资收益收到的现金	(9) 20 000		20 000
处置固定资产、无形资产和其他长期资产收回的现金净额	(10) 14 200		14 200
处置子公司及其他营业单位收到的现金净额			
收到其他与投资活动有关的现金			
现金流入小计			34 200
购建固定资产、无形资产和其他长期资产支付的现金		(16) 116 000 (23) 80 000	446 000
投资支付的现金		(15) 250 000	
取得子公司及其他营业单位支付的现金净额			
支付其他与投资活动有关的现金			
现金流出小计			446 000
投资活动产生现金净额			(411 800)
（三）筹资活动产生的现金流量			
吸收投资收到的现金	(27) 875 000		875 000
取得借款收到的现金	(22) 180 000 (26) 700 000		880 000
收到其他与筹资活动有关的现金			
现金流入小计			1 755 000
偿还债务支付的现金		(22) 400 000 (26) 300 000	700 000
分配股利、利润或偿付利息支付的现金		(22) 40 000 (26) 30 000	70 000
支付其他与筹资活动有关的现金			
现金流出小计			770 000
筹资活动产生现金流量净额			985 000
（四）现金及现金等价物净增加额		(29) 444 000	444 000
调整分录合计	8 252 780	8 252 780	—

9. 根据现金流量表工作底稿中现金流量表部分编制 ABC 公司 20×9 年正式的现金流量表，见表 7-8。

表 7-8　现金流量表

会企 03 表

编制单位：ABC 公司　　　　　　20×9 年 12 月　　　　　　　　　单位：元

项　目	本期金额	上期金额
一、经营活动产生的现金流量		
销售商品、提供劳务收到的现金	1 212 800	
收到的税费返还		
收到其他与经营活动有关的现金		
经营活动现金流入小计	1 212 800	
购买商品、接受劳务支付的现金	622 000	
支付给职工以及为职工支付的现金	430 000	
支付的各项税费	200 000	
支付其他与经营活动有关的现金	90 000	
经营活动现金流出小计	1 342 000	
经营活动产生的现金流量净额	−129 200	
二、投资活动产生的现金流量		
收回投资收到的现金		
取得投资收益收到的现金	20 000	
处置固定资产、无形资产和其他长期资产收回的现金净额	14 200	
处置子公司及其他营业单位收到的现金净额		
收到其他与投资活动有关的现金		
投资活动现金流入小计	34 200	
购建固定资产、无形资产和其他长期资产支付的现金	446 000	
投资支付的现金		
取得子公司及其他营业单位支付的现金净额		
支付其他与投资活动有关的现金		
投资活动现金流出小计	446 000	
投资活动产生的现金流量净额	−411 800	

(续表 7-8)

项　　目	本期金额	上期金额
三、筹资活动产生的现金流量		
吸收投资收到的现金	875 000	
取得借款收到的现金	880 000	
收到其他与筹资活动有关的现金		
筹资活动现金流入小计	1 755 000	
偿还债务支付的现金	700 000	
分配股利、利润或偿付利息支付的现金	70 000	
支付其他与筹资活动有关的现金	770 000	
筹资活动现金流出小计	985 000	
筹资活动产生的现金流量净额	444 000	
四、汇率变动对现金及现金等价物的影响	0	
五、现金及现金等价物净增加额	444 000	
加：期初现金及现金等价物余额	1 500 000	
六、期末现金及现金等价物余额	1 944 000	

10. 编制所有者权益变动表。

表7-9 所有者权益变动表

编制单位：　　　　　　　　　　年度　　　　　　　　　　　　　　　　　　　　　　　　　　　会企04表
单位：元

项目	本年金额										上年金额									
	实收资本(或股本)	其他权益工具			资本公积	减:库存股	其他综合收益	盈余公积	未分配利润	所有者权益合计	实收资本(或股本)	其他权益工具			资本公积	减:库存股	其他综合收益	盈余公积	未分配利润	所有者权益合计
		优先股	永续债	其他								优先股	永续债	其他						
一、上年末余额	2 000 000				1 000 000			590 000	600 000	4 190 000										
加:会计政策变更																				
前期差错更正																				
其他																				
二、本年初余额	2 000 000				1 000 000			590 000	600 000	4 190 000										
三、本年增减变动金额(减少以"-"号填列)																				
(一)综合收益总额									63 750											
(二)所有者投入和减少资本																				
1. 所有者投入的普通股	800 000				75 000															
2. 其他权益工具持有者投入资本																				
3. 股份支付计入所有者权益的金额																				
4. 其他																				
(三)利润分配																				
1. 提取盈余公积								11 250												
2. 对所有者(或股东)的分配																				

(续表7-9)

项目	本年金额									上年金额								
	实收资本(或股本)	其他权益工具			资本公积	减:库存股	其他综合收益	盈余公积	未分配利润	所有者权益合计	实收资本(或股本)	其他权益工具			资本公积	减:库存股	其他综合收益	盈余公积	未分配利润	所有者权益合计
		优先股	永续债	其他								优先股	永续债	其他						
3. 其他																				
(四) 所有者权益内部结转																				
1. 资本公积转增资本(或股本)																				
2. 盈余公积转增资本(或股本)																				
3. 盈余公积弥补亏损																				
4. 设定受益计划变动额结转留存收益																				
5. 其他综合收益结转留存收益																				
6. 其他																				
四、本年年末余额	2 800 000				1 075 000			601 250	663 750	5 140 000										

四、财务报告编制综合实训

(一) 实训案例

智董股份有限公司为一般纳税人,适用的增值税税率为 16%,所得税税率为 25%;原材料采用计划成本法进行核算。其在 20×8 年 12 月 31 日的资产负债表格式和内容如表 7-10 所示,部分账户期初余额如表 7-11 所示。

表 7-10 资产负债表

会企 01 表

编制单位:智董股份有限公司　　　　20×8 年 12 月 31 日　　　　单位:元

资产	期末余额	年初余额	负债和所有者权益 (或股东权益)	期末余额	年初余额
流动资产:			流动负债:		
货币资金	1 406 300		短期借款	300 000	
交易性金融资产	15 000		交易性金融负债		
衍生金融资产			衍生金融负债		
应收票据及应收账款	545 100		应付票据及应付账款	1 153 800	
预付款项	100 000		预收款项		
其他应收款	5 000		合同负债		
存货	2 580 000		应付职工薪酬	110 000	
合同资产			应交税费	30 000	
持有待售资产			其他应付款	51 000	
一年内到期的非流动资产			持有待售负债		
其他流动资产			一年内到期的非流动负债	1 000 000	
流动资产合计	4 651 400		其他流动负债	6 600	
非流动资产:			流动负债合计	2 651 400	
债权投资			非流动负债:		
其他债权投资			长期借款	600 000	
长期应收款			应付债券		

(续表 7-10)

资产	期末余额	年初余额	负债和所有者权益（或股东权益）	期末余额	年初余额
长期股权投资	250 000		长期应付款		
其他权益工具投资			预计负债		
其他非流动金融资产			递延收益		
投资性房地产			递延所得税负债		
固定资产	1 100 000		其他非流动负债		
在建工程	1 500 000		非流动负债合计	600 000	
生产性生物资产			负债合计	3 251 400	
油气资产			所有者权益（或股东权益）：		
无形资产	600 000		实收资本（或股本）	5 000 000	
开发支出			其他权益工具		
商誉			资本公积		
长期待摊费用	100 000		减：库存股		
递延所得税资产			其他综合收益		
其他非流动资产	200 000		盈余公积	100 000	
非流动资产合计	3 750 000		未分配利润	50 000	
			所有者权益（或股东权益）合计	5 150 000	
资产总计	8 401 400		负债和所有者权益（或股东权益）总计	8 401 400	

表 7-11 部分账户期初余额

账户	期初余额	
	借方	贷方
库存现金	20 000	
银行存款	1 269 300	
其他货币资金	117 000	
应收票据	246 000	

(续表 7-11)

账　户	期初余额	
	借方	贷方
应收账款	300 000	
坏账准备		900
材料采购	100 000	
原材料	1 900 000	
材料成本差异	87 450	
低值易耗品	92 550	
库存商品	400 000	
固定资产	1 500 000	
累计折旧		400 000
在建工程	1 500 000	
工程物资		
无形资产	720 000	
累计摊销		120 000
应付票据		200 000
应付账款		953 800
应付利息		1 000
其他应付款		50 000

（二）20×8年，智董股份有限公司发生的经济业务

1. 收到银行通知，用银行存款支付到期的商业承兑汇票 100 000 元。

2. 购入原材料一批，收到的增值税专用发票上注明的原材料价款为 150 000 元，增值税进项税额为 24 000 元，款项已通过银行转账支付，材料未验收入库。

3. 收到原材料一批，实际成本 100 000 元，计划成本 95 000 元，材料已验收入库，货款已于上月支付。

4. 用银行汇票支付采购材料价款，公司收到开户银行转来银行汇票多余款项通知，通知上填写的多余款为 1 232 元，购入材料及运费 99 800 元，支付的增值税进项税额 15 968 元，原材料已验收入库，该批材料计划价格 100 000 元。

5. 销售产品一批，开出的增值税专用发票上注明的销售价款为 300 000 元，增值税销项税额为48 000元,货款尚未收到。该批产品实际成本180 000元,产品已发出。

6. 公司将交易性金融资产(全部为股票投资)15 000元卖出兑现,收到本金15 000元,投资收益1 500元,均存入银行。

7. 购入不需安装的设备一台,收到的增值税专用发票上注明的设备价款120 000元,增值税进项税额为19 200元,支付包装费、运费1 000元。价款及包装费、运费均以银行存款支付。设备已交付使用。

8. 购入工程物资一批,收到的增值税专用发票上注明的物资价款为150 000元,增值税进项税额为24 000元,款项及税金已通过银行转账支付。

9. 计提工程应付职工工资200 000元,应付职工福利费28 000元,应付耕地占用税100 000元。

10. 工程完工,计算应负担的长期借款利息150 000元。该项借款本息未付。

11. 一项工程完工,交付生产使用,已办理竣工手续,固定资产价值1 400 000元。

12. 基本生产车间一台机床报废,原价200 000元,已提折旧180 000元,清理费用500元,残值收入800元,均通过银行存款收支。该项固定资产已清理完毕。

13. 从银行借入三年期借款400 000元,借款已入银行账户,该项借款用于购建固定资产。

14. 销售产品一批,开出的增值税专用发票上注明的销售价款为840 000元,增值税进项税额为134 400元,款项已存入银行。销售产品的实际成本504 000元。

15. 公司将要到期的一张面值为200 000元的无息银行承兑汇票,连同解讫通知和进账单交银行办理转账。收到银行盖章退回的进账单一联。款项银行已收妥。

16. 收到股息30 000元(该项投资为成本法核算,对方税率和本企业一致,均为25%),已存入银行。

17. 公司出售一台不需用设备,收到价款285 000元,销项税45 600元,该设备原价400 000元,已提折旧150 000元。该项设备已由购入单位运走。

18. 提取应计入本期损益的借款利息共21 500元,其中,短期借款利息11 500元,长期借款利息10 000元。

19. 归还短期借款本金250 000元,利息12 500元,已预提。

20. 提取现金5 000元备用。

21. 用银行存款支付工资500 000元,其中包括支付给在建工程人员的工资200 000元。

22. 分配应支付的职工工资300 000元(不包括在建工程应负担的工资),其中生产人员工资275 000元,车间管理人员工资10 000元,行政管理部门人员工资15 000元。

23. 提取职工福利费42 000元(不包括在建工程应负担的福利费28 000元),其中生产工人福利费38 500元,车间管理人员福利费1 400元,行政管理部门福利费2 100元。

24. 基本生产领用原材料,计划成本700 000元。生产领用低值易耗品,实际成本52 500元,采用一次摊销法摊销。

25. 结转领用原材料应分摊的材料成本差异。材料成本差异率为5%。

26. 摊销无形资产60 000元;摊销计入管理费用的财产保险费10 000元,计入制造费用的财产保险费90 000元(已列入长期待摊费用)。

27. 计提固定资产折旧100 000元,其中计入制造费用80 000元,管理费用20 000元。首次计提固定资产减值准备30 000元。

28. 收到应收账款51 000元,存入银行。

29. 用银行存款支付产品展览费10 000元。

30. 计算并结转本期制造费用及完工产品成本1 282 400元。没有期初在产品,本期生产的产品全部完工入库。

31. 广告费10 000元,已用银行存款支付。

32. 公司采用商业承兑汇票结算方式销售产品一批,开出的增值税专用发票上注明的销售价款为250 000元,增值税销项税额为40 000元,收到290 000元的商业承兑汇票1张,产品实际成本为150 000元。

33. 公司将上述承兑汇票到银行办理贴现,贴现息为20 000元。

34. 销售部门预借差旅费10 000元。

35. 支付本企业退休人员补贴50 000元。

36. 公司本期产品销售应交纳的教育费附加为2 000元。

37. 用银行存款交纳增值税100 000元;教育费附加2 000元。

38. 结转本期产品销售成本。

39. 按应收账款余额的0.3%计提坏账准备。

40. 将各损益类账户结转至"本年利润"账户。

41. 计算并结转应交所得税(税率为25%)(假定本期没有纳税调整项)。

42. 将本期净利润结转至"利润分配——未分配利润"账户。

43. 按净利润的10%提取法定盈余公积金。

44. 将利润分配各明细账户的余额转入"未分配利润"明细账户。

45. 偿还长期借款1 000 000元。

46. 用银行存款交纳所得税。

（三）实训要求

编制智董股份有限公司 20×8 年经济业务的会计分录，并在此基础上编制下列该公司资产负债表、利润表与现金流量表。

表 7-12 资产负债表

会企 01 表

编制单位：　　　　　　　　　　　　年　　月　　日　　　　　　　　　　　　单位：元

资　　产	期末余额	年初余额	负债和所有者权益 （或股东权益）	期末余额	年初余额
流动资产：			流动负债：		
货币资金			短期借款		
交易性金融资产			交易性金融负债		
衍生金融资产			衍生金融负债		
应收票据及应收账款			应付票据及应付账款		
预付款项			预收款项		
其他应收款			合同负债		
存货			应付职工薪酬		
合同资产			应交税费		
持有待售资产			其他应付款		
一年内到期的非流动资产			持有待售负债		
其他流动资产			一年内到期的非流动负债		
流动资产合计			其他流动负债		
非流动资产：			流动负债合计		
债权投资			非流动负债：		
其他债权投资			长期借款		
长期应收款			应付债券		
长期股权投资			其中：优先股		
其他权益工具投资			永续债		
其他非流动金融资产			长期应付款		

(续表7-12)

资　　产	期末余额	年初余额	负债和所有者权益（或股东权益）	期末余额	年初余额
投资性房地产			预计负债		
固定资产			递延收益		
在建工程			递延所得税负债		
生产性生物资产			其他非流动负债		
油气资产			非流动负债合计		
无形资产			负债合计		
开发支出			所有者权益（或股东权益）：		
商誉			实收资本（或股本）		
长期待摊费用			其他权益工具		
递延所得税资产			其中:优先股		
其他非流动资产			永续债		
非流动资产合计			资本公积		
			减:库存股		
			其他综合收益		
			盈余公积		
			未分配利润		
			所有者权益（或股东权益）合计		
资产总计			负债和所有者权益（或股东权益）总计		

表7-13　利　润　表

会企02表

编制单位：＿＿＿＿＿＿　　　　　　　　　　　　　年　　月　　　　　　　　　　　　　　单位:元

项　　目	本期金额	上期金额
一、营业收入		
减:营业成本		
税金及附加		

(续表 7-13)

项　　目	本期金额	上期金额
销售费用		
管理费用		
研发费用		
财务费用		
其中:利息费用		
利息收入		
资产减值损失		
信用减值损失		
加:其他收益		
投资收益(损失以"－"号填列)		
其中:对联营企业和合营企业的投资收益		
净敞口套期收益(损失以"－"号填列)		
公允价值变动收益(损失以"－"号填列)		
资产处置收益(损失以"－"号填列)		
二、营业利润(亏损以"－"号填列)		
加:营业外收入		
减:营业外支出		
三、利润总额(亏损总额以"－"号填列)		
减:所得税费用		
四、净利润(净亏损以"－"号填列)		
(一)持续经营净利润(净亏损以"－"号填列)		
(二)终止经营净利润(净亏损以"－"号填列)		
五、其他综合收益的税后净额		
(一)不能重分类进损益的其他综合收益		
1. 重新计量设定受益计划变动额		
2. 权益法下不能转损益的其他综合收益		
3. 其他权益工具投资公允价值变动		
4. 企业自身信用风险公允价值变动		

(续表 7-13)

项　　目	本期金额	上期金额
……		
（二）将重分类进损益的其他综合收益		
1. 权益法下可转损益的其他综合收益		
2. 其他债权投资公允价值变动		
3. 金融资产重分类计入其他综合收益的金额		
4. 其他债权投资信用减值准备		
5. 现金流量套期储备		
6. 外币财务报表折算差额		
……		
六、综合收益总额		
七、每股收益		
（一）基本每股收益		
（二）稀释每股收益		

表 7-14　现金流量表

会企 03 表

编制单位：　　　　　　　　　　　　　　年　　月　　　　　　　　　　　　单位：元

项　　目	本期金额	上期金额
一、经营活动产生的现金流量		
销售商品、提供劳务收到的现金		
收到的税费返还		
收到其他与经营活动有关的现金		
经营活动现金流入小计		
购买商品、接受劳务支付的现金		
支付给职工以及为职工支付的现金		
支付的各项税费		
支付其他与经营活动有关的现金		
经营活动现金流出小计		

(续表 7-14)

项　目	本期金额	上期金额
经营活动产生的现金流量净额		
二、投资活动产生的现金流量		
收回投资收到的现金		
取得投资收益收到的现金		
处置固定资产、无形资产和其他长期资产收回的现金净额		
处置子公司及其他营业单位收到的现金净额		
收到其他与投资活动有关的现金		
投资活动现金流入小计		
购建固定资产、无形资产和其他长期资产支付的现金		
投资支付的现金		
取得子公司及其他营业单位支付的现金净额		
支付其他与投资活动有关的现金		
投资活动现金流出小计		
投资活动产生的现金流量净额		
三、筹资活动产生的现金流量		
吸收投资收到的现金		
取得借款收到的现金		
收到其他与筹资活动有关的现金		
筹资活动现金流入小计		
偿还债务支付的现金		
分配股利、利润或偿付利息支付的现金		
支付其他与筹资活动有关的现金		
筹资活动现金流出小计		
筹资活动产生的现金流量净额		
四、汇率变动对现金及现金等价物的影响		
五、现金及现金等价物净增加额		
加：期初现金及现金等价物余额		
六、期末现金及现金等价物余额		

表7-15 所有者权益变动表

编制单位：_____　　　　年度　　　　　　　　　　　　　　　　　　　　　　　　会企04表
单位：元

项目	本年金额									上年金额							
	实收资本（或股本）	其他权益工具			资本公积	减：库存股	其他综合收益	盈余公积	未分配利润	所有者权益合计	实收资本（或股本）	其他权益工具			资本公积	减：库存股	其他综合收益	盈余公积	未分配利润	所有者权益合计
		优先股	永续债	其他								优先股	永续债	其他						
一、上年年末余额																				
加：会计政策变更																				
前期差错更正																				
其他																				
二、本年年初余额																				
三、本年增减变动金额（减少以"－"号填列）																				
（一）综合收益总额																				
（二）所有者投入和减少资本																				
1. 所有者投入的普通股																				
2. 其他权益工具持有者投入资本																				
3. 股份支付计入所有者权益的金额																				
4. 其他																				
（三）利润分配																				
1. 提取盈余公积																				
2. 对所有者（或股东）的分配																				

(续表)

项目	本年金额									上年金额								
	实收资本(或股本)	其他权益工具			资本公积	减:库存股	其他综合收益	盈余公积	未分配利润	所有者权益合计	实收资本(或股本)	其他权益工具			资本公积	减:库存股	其他综合收益	盈余公积	未分配利润	所有者权益合计
		优先股	永续债	其他								优先股	永续债	其他						
3. 其他																				
(四) 所有者权益内部结转																				
1. 资本公积转增资本(或股本)																				
2. 盈余公积转增资本(或股本)																				
3. 盈余公积弥补亏损																				
4. 设定受益计划变动额结转留存收益																				
5. 其他综合收益结转留存收益																				
6. 其他																				
四、本年年末余额																				

附录一

第二章 财务报告编制前期准备实训参考答案

根据华诚制衣股份有限公司20×8年12月发生经济业务做好编制财务报告的前期准备工作步骤为:(1)根据华诚制衣有限公司资料进行账务处理,按期结账。(2)根据华诚制衣有限公司账务处理登记T型账户,结出发生额和期末余额,认真对账,进行财产清查。(3)编制华诚制衣有限公司发生额及余额试算平衡表。

首先,根据华诚制衣有限公司2009年12月资料进行账务处理。

1. 借:应付账款——新华纺织有限公司　　　　　23 400
　　　贷:银行存款　　　　　　　　　　　　　　　23 400
2. 借:银行存款　　　　　　　　　　　　　　　320 000
　　　贷:应收账款——大明公司　　　　　　　　　32 000
3. 12月3日,向新华纺织有限公司购入混纺毛线,材料尚未运到。根据表2-1华诚制衣有限公司20×8年12月总分类建账资料可知,华诚制衣有限公司核算采购过程中的材料使用"在途物资"账户。实际工作中,按照《企业会计准则——应用指南》的规定,企业还可选择使用"材料采购"账户核算采购途中的材料,但账户一经选择,不得随意变更。

　　借:在途物资——混纺毛线　　　　　　　　　40 000
　　　　应交税费——应交增值税(进项税额)　　　 6 400
　　　贷:银行存款　　　　　　　　　　　　　　　46 400
4. 借:库存现金　　　　　　　　　　　　　　　　1 000
　　　贷:银行存款　　　　　　　　　　　　　　　 1 000
5. 借:原材料——混纺毛线　　　　　　　　　　 40 000
　　　贷:在途物资——混纺毛线　　　　　　　　 40 000
6. 借:管理费用　　　　　　　　　　　　　　　　　200
　　　贷:库存现金　　　　　　　　　　　　　　　　 200
7. 借:其他应收款——高山　　　　　　　　　　 1 000
　　　贷:库存现金　　　　　　　　　　　　　　　 1 000

8. 借:应交税费——应交增值税　　　　　　　　　　5 600
　　　　　——应交城市维护建设税　　　　　　　　392
　　　　　——应交教育费附加　　　　　　　　　　168
　　　贷:银行存款　　　　　　　　　　　　　　　　　　6 160
9. 借:原材料——纯毛毛线　　　　　　　　　　　84 000
　　　应交税费——应交增值税(进项税额)　　　13 440
　　　贷:应付账款——新华纺织有限公司　　　　　　　97 440
10. 借:管理费用　　　　　　　　　　　　　　　　　160
　　　贷:库存现金　　　　　　　　　　　　　　　　　　160
11. 借:应收账款——大明公司　　　　　　　　　96 280
　　　贷:主营业务收入　　　　　　　　　　　　　　83 000
　　　　　应交税费——应交增值税(销项税额)　　　13 280
12. 借:库存现金　　　　　　　　　　　　　　　53 280
　　　贷:银行存款　　　　　　　　　　　　　　　　　53 280
13. 借:应付职工薪酬　　　　　　　　　　　　　53 280
　　　贷:库存现金　　　　　　　　　　　　　　　　　53 280
14. 借:银行存款　　　　　　　　　　　　　　　24 000
　　　贷:应收票据　　　　　　　　　　　　　　　　　24 000
15. 借:管理费用　　　　　　　　　　　　　　1 437.50
　　　库存现金　　　　　　　　　　　　　　　　62.50
　　　贷:其他应收款——刘明　　　　　　　　　　　　1 500
16. 借:营业外支出　　　　　　　　　　　　　　10 000
　　　贷:银行存款　　　　　　　　　　　　　　　　　10 000
17. 借:应付账款——新华纺织有限公司　　　　　49 780
　　　贷:银行存款　　　　　　　　　　　　　　　　　49 780
18. 借:银行存款　　　　　　　　　　　　　　1 825.50
　　　贷:营业外收入　　　　　　　　　　　　　　　1 825.50
19. 借:应收账款——华美公司　　　　　　　　157 760
　　　贷:主营业务收入　　　　　　　　　　　　　136 000
　　　　　应交税费——应交增值税(销项税额)　　　21 760
20. 借:库存现金　　　　　　　　　　　　　　　1 000
　　　贷:银行存款　　　　　　　　　　　　　　　　　1 000
21. 借:制造费用　　　　　　　　　　　　　　　　400
　　　贷:库存现金　　　　　　　　　　　　　　　　　　400

22. 借:银行存款 96 280
     贷:应收账款——大明公司 96 280
23. 借:在建工程 50 500
     应交税费——应交增值税(进项税额) 8 000
     财务费用 50
     贷:银行存款 58 550
24. 借:制造费用 267.50
     贷:库存现金 267.50
25. 借:销售费用 4 500
     贷:银行存款 4 500
26. 借:在建工程 1 000
     贷:银行存款 1 000
27. 借:固定资产 51 500
     贷:在建工程 51 500
28. 华诚股份有限公司20×8年12月有关明细分类账户期初余额中,该企业"预付账款"明细分类账余额3 800元,为专设销售机构房屋租赁费。可知该企业将预付销售机构房屋租赁费纳入"预付账款"核算。
     借:预付账款——滨海市房地产开发公司 22 800
       贷:银行存款 22 800
29. 借:银行存款 13 920
     贷:其他业务收入 12 000
        应交税费——应交增值税(销项税额) 1 920
30. 借:银行存款 10 000
     贷:应收账款——华美公司 10 000
31. 借:应收账款——大明公司 78 880
     贷:主营业务收入 68 000
        应交税费——应交增值税(销项税额) 10 880
32. 借:制造费用 280
     管理费用 60
     应交税费——应交增值税(进项税额) 20.40
     贷:银行存款 360.40
33. 借:制造费用 1 120
     管理费用 260
     应交税费——应交增值税(进项税额) 234.60

贷:银行存款		1 614.60
34.借:库存现金	1 000	
贷:银行存款		1 000
35.借:制造费用	320	
管理费用	1 540	
贷:银行存款		1 860

36.华诚制衣有限公司于12月31日,用银行存款支付本季度借款利息1 800元(已预提1 200元)。可知属于本期的借款利息只有600元,还有1 200元属于前期发生但尚未支付、先预提的借款费用,新准则下通过"应付利息"账户核算,取消了"预提费用"账户的使用。

借:应付利息	1 200	
财务费用	600	
贷:银行存款		1 800
37.借:生产成本——混纺毛衣	30 000	
——纯毛毛衣	28 000	
贷:原材料——混纺毛线		30 000
——纯毛毛线		28 000
借:生产成本——混纺毛衣	36 000	
——纯毛毛衣	53 200	
制造费用	6 800	
贷:原材料——混纺毛线		36 000
——纯毛毛线		53 200
——纯棉纱线		6 800
38.借:销售费用	3 800	
贷:预付账款——滨海市房地产开发公司		3 800
39.借:制造费用	1 662.50	
管理费用	712.50	
贷:累计折旧		2 375
40.借:生产成本——混纺毛衣	16 900	
——纯毛毛衣	20 600	
制造费用	4 150	
管理费用	11 630	
贷:应付职工薪酬		53 280

41.华诚制衣有限公司当期发生的制造费用为15 000元,该企业按混纺毛衣

和纯毛毛衣生产工人工资比例分配制造费用。

制造费用分配率=15 000/(16 900+20 600)=0.4
混纺毛衣应分摊的制造费用=0.4×16 900=6 760
纯毛毛衣应分摊的制造费用=0.4×20 600=8 240

借:生产成本——混纺毛衣　　　　　　　　　　　　　　6 760
　　　　　　——纯毛毛衣　　　　　　　　　　　　　　8 240
　贷:制造费用　　　　　　　　　　　　　　　　　　　15 000

42. 借:库存商品——混纺毛衣　　　　　　　　　　　　　89 660
　　　　　　　——纯毛毛衣　　　　　　　　　　　　　110 040
　　贷:生产成本——混纺毛衣　　　　　　　　　　　　　89 660
　　　　　　　——纯毛毛衣　　　　　　　　　　　　　110 040

43. 由华诚制衣有限公司财务制度规定可知,城市维护建设税的计税金额为本期实际缴纳增值税,税率为7%;教育费附加:计费金额为本期实际缴纳增值税税额,税率为3%。

城市维护建设税计税依据=实际缴纳增值税=(11)13 280+(19)21 760+(29)1 920+(31)10 880-(3)6 400-(9)13 440-(23)8 000-(32)20.40-(33)234.60=19 745(元)

应交的城市维护建设税=19 745×7%=1 382.15(元)

教育费附加计费依据=实际缴纳增值税=(11)13 280+(19)21 760+(29)1 920+(31)10 880-(3)6 400-(9)13 440-(23)8 000-(32)20.40-(33)234.60=19 745(元)

应交教育费附加=19 745×3%=592.35(元)

借:税金及附加　　　　　　　　　　　　　　　　　　1 974.50
　贷:应交税费——应交城市维护建设税　　　　　　　　1 382.15
　　　　　　——应交教育费附加　　　　　　　　　　　592.35

44. 借:应交税费——应交增值税(转出未交增值税)　　　19 745
　　贷:应交税费——未交增值税　　　　　　　　　　　19 745

45. 借:主营业务成本　　　　　　　　　　　　　　　　168 726
　　贷:库存商品——混纺毛衣　　　　　　　　　　　　80 694
　　　　　　　——纯毛毛衣　　　　　　　　　　　　88 032
　借:其他业务成本　　　　　　　　　　　　　　　　　11 200
　　贷:原材料——纯毛毛线　　　　　　　　　　　　　11 200

46. 借:主营业务收入　　　　　　　　　　　　　　　　287 000
　　　其他业务收入　　　　　　　　　　　　　　　　12 000

　　　　　营业外收入　　　　　　　　　　　　　　1 825.50
　　　　贷:本年利润　　　　　　　　　　　　　　300 825.50
47. 借:本年利润　　　　　　　　　　　　　　　216 850.50
　　　　贷:主营业务成本　　　　　　　　　　　　168 726
　　　　　　税金及附加　　　　　　　　　　　　1 974.50
　　　　　　其他业务成本　　　　　　　　　　　11 200
　　　　　　营业外支出　　　　　　　　　　　　10 000
　　　　　　管理费用　　　　　　　　　　　　　16 000
　　　　　　财务费用　　　　　　　　　　　　　650
　　　　　　销售费用　　　　　　　　　　　　　8 300
48. 借:所得税费用　　　　　　　　　　　　　　20 993.75
　　　　贷:应交税费——应交所得税　　　　　　20 993.75
　　　借:本年利润　　　　　　　　　　　　　　20 993.75
　　　　贷:所得税费用　　　　　　　　　　　　20 993.75
49. 借:本年利润　　　　　　　　　　　　　　　207 981.25
　　　　贷:利润分配——未分配利润　　　　　　207 981.25
50. 借:利润分配——提取盈余公积　　　　　　　31 197.19
　　　　贷:盈余公积——法定盈余公积　　　　　20 798.13
　　　　　　　　　　——任意盈余公积　　　　　10 399.06
　　　借:利润分配——应付利润　　　　　　　　166 385
　　　　贷:应付利润　　　　　　　　　　　　　166 385
　　　借:利润分配——未分配利润　　　　　　　197 582.19
　　　　贷:利润分配——提取盈余公积　　　　　31 197.19
　　　　　　　　　　——应付利润　　　　　　　166 385

然后,根据华诚制衣有限公司账务处理登记 T 型账户,结出发生额和期末余额。

库存现金			
期初余额	820.40		
(4)	1 000	(6)	200
(12)	53 280	(7)	1 000
(15)	62.50	(10)	160
(20)	1 000	(13)	53 280
(34)	1 000	(21)	400
		(24)	267.50
期末余额	1 855.40		

银行存款			
期初余额	246 656		
(2)	32 000	(1)	23 400
(14)	24 000	(3)	46 400
(18)	1 825.50	(4)	1 000
(22)	96 280	(8)	6 160
(29)	13 920	(12)	53 280
(30)	100 000	(16)	10 000
		(17)	49 780
		(20)	1 000
		(23)	58 550
		(25)	4 500
		(26)	1 000
		(28)	22 800
		(32)	360.40
		(33)	1 614.60
		(34)	1 000
		(35)	1 860
		(36)	1 800
期末余额	230 176.50		

应收票据			
期初余额	24 000		
		(4)	24 000
期末余额	0		

应收账款			
期初余额	32 000		
(11)	96 280	(2)	32 000
(19)	157 760	(22)	96 280
(31)	78 880	(30)	100 000
期末余额	136 640		

其他应收款			
期初余额	1 500		
(7)	1 000	(15)	1 500
期末余额	1 000		

附录一

原材料					库存商品			
期初余额	146 000				期初余额	16 383.60		
(5)	40 000	(37)	28 000		(42)	110 040	(45)	88 032
(9)	84 000	(37)	53 200		(42)	89 660	(45)	80 694
		(37)	30 000		期末余额	47 357.60		
		(37)	36 000					
		(37)	6 800		预付账款			
		(45)	11 200		期初余额	3 800		
期末余额	104 800				(28)	22 800	(38)	3 800
					期末余额	22 800		

固定资产			应付账款			
期初余额	950 000				期初余额	23 400
(27)	51 500		(1)	23 400	(9)	97 440
			(17)	49 780		
期末余额	1 001 500				期末余额	47 660

应交税费					短期借款		
		期初余额	6 160				期初余额	200 000
(3)	6 400	(11)	13 280				
(8)	6 160	(19)	21 760				期末余额	200 000
(9)	13 440	(29)	1 920				
(23)	8 000	(31)	10 880		应付利息		
(32)	20.40	(43)	1 974.50				
(33)	234.60	(44)	19 745		(36)	1 200	期初余额	1 200
(44)	19 745	(48)	20 993.75				
							期末余额	0
		期末余额	42 713.25				

实收资本			应付利润		
		期初余额	1 000 000	(50)	166 385
		期末余额	1 000 000	期末余额	166 385

盈余公积				累计折旧			
		期初余额	20 020			期初余额	19 200
		(50)	31 197.19			(39)	2 375
		期末余额	51 217.19			期末余额	21 575

利润分配—未分配利润				本年利润			
		期初余额	6 180			期初余额	145 000
(50)	97 582.19	(49)	207 981.25	(47)	216 850.50	(46)	300 825.50
				(48)	20 993.75		
				(49)	207 981.25		
		期末余额	16 579.06				

在途物资				应付职工薪酬			
(3)	40 000	(5)	40 000	(13)	53 280	(40)	53 280
期末余额	0			期末余额	0		

管理费用				制造费用			
(6)	200	(47)	16 000	(21)	400	(41)	15 000
(10)	160			(24)	267.50		
(15)	1 437.50			(32)	280		
(32)	60			(33)	1 120		
(33)	260			(35)	320		
(35)	1 540			(37)	6 800		
(39)	712.50			(39)	1 662.50		
(40)	11 630			(40)	4 150		

附录一

主营业务收入			
(46)	287 000	(11)	83 000
		(19)	136 000
		(31)	68 000

营业外收入			
(46)	1 825.50	(18)	1 825.50

营业外支出			
(16)	10 000	(47)	10 000

在建工程			
(23)	50 500	(27)	51 500
(26)	1 000		
期末余额	0		

财务费用			
(23)	50	(47)	650
(36)	600		

生产成本			
(37)	30 000	(42)	89 660
(37)	36 000	(42)	110 040
(37)	28 000		
(37)	53 200		
(40)	16 900		
(40)	20 600		
(41)	6 760		
(41)	8 240		

销售费用			
(25)	4 500	(47)	8 300
(38)	3 800		

其他业务收入			
(46)	12 000	(29)	12 000

营业税金及附加			
(43)	2 099.50	(47)	2 099.50

主营业务成本			
(45)	168 726	(47)	168 726

其他业务成本			
(45)	11 200	(47)	11 200

所得税费用			
(48)	20 962.50	(48)	20 962.50

最后,编制华诚制衣有限公司发生额及余额试算平衡表。

2009 年 12 月试算平衡表

账户	期初余额 借方	期初余额 贷方	本期发生额 借方	本期发生额 贷方	期末余额 借方	期末余额 余额
库存现金	820.40		56 342.50	55 307.50	1 855.40	
银行存款	246 656		268 025.50	284 505	230 176.50	
应收票据	24 000			24 000	0	
应收账款	32 000		332 920	228 280	136 640	
其他应收款	1 500		1 000	1 500	1 000	
预付账款	3 800		22 800	3 800	22 800	
原材料	146 000		124 000	165 200	104 800	
库存商品	16 383.60		199 700	168 726	47 357.60	
固定资产	950 000		51 500		1 001 500	
短期借款		200 000				200 000
应付账款		23 400	73 180	97 440		47 660
应交税费		6 160	54 000	90 553.25		42 713.25
应付利息		1 200	1 200			0
实收资本		1 000 000				1 000 000
盈余公积		20 020		31 197.19		51 217.19
未分配利润		6 180	197 582.19	207 981.25		16 579.06
本年利润		145 000	445 825.50	300 825.50		0
累计折旧		19 200		2 375		21 575
在途物资			40 000	40 000		0
应付职工薪酬			53 280	53 280		0
应付利润				166 385		166 385
管理费用			16 000	16 000		0
制造费用			15 000	15 000		0
财务费用			650	650		0
销售费用			8 300	8 300		0

(续表)

账　户	期初余额		本期发生额		期末余额	
	借方	贷方	借方	贷方	借方	余额
主营业务收入			287 000	287 000		0
其他业务收入			12 000	12 000		0
营业外收入			1 825.50	1 825.50		0
主营业务成本			168 726	168 726		0
其他业务成本			11 200	11 200		0
营业外支出			10 000	10 000		0
所得税费用			20 993.75	20 993.75		0
生产成本			199 700	199 700		0
税金及附加			1 974.50	1 974.50		0
在建工程			51 500	51 500		0
合计	1 421 160	1 421 160	2 726 225.44	2 726 225.44	1 546 129.50	1 546 129.50

附录二

第三章 资产负债表项目编制单项实训参考答案

资产负债表

会企01表

编制单位：华诚制衣有限公司　　20×8年12月31日　　单位：元

资　　产	期末余额	年初余额	负债和所有者权益（或股东权益）	期末余额	年初余额
流动资产：			流动负债：		
货币资金	232 031.90		短期借款	200 000	
交易性金融资产			交易性金融负债		
衍生金融资产			衍生金融负债		
应收票据及应收账款	136 640		应付票据及应付账款	47 660	
预付款项	22 800		预收款项		
其他应收款	1 000		合同负债		
存货	152 157.60		应付职工薪酬		
合同资产			应交税费	42 713.25	
持有待售资产			其他应付款	166 385	
一年内到期的非流动资产			持有待售负债		
其他流动资产			一年内到期的非流动负债		
流动资产合计	544 629.50		其他流动负债		
非流动资产：			流动负债合计	456 758.25	
债权投资			非流动负债：		
其他债权投资			长期借款		
长期应收款			应付债券		

(续表)

资　　产	期末余额	年初余额	负债和所有者权益（或股东权益）	期末余额	年初余额
长期股权投资			长期应付款		
其他权益工具投资			预计负债		
其他非流动金融资产			递延收益		
投资性房地产			递延所得税负债		
固定资产	979 925		其他非流动负债		
在建工程			非流动负债合计		
生产性生物资产			负债合计		
油气资产			所有者权益（或股东权益）：		
无形资产			实收资本（或股本）	1 000 000	
开发支出			其他权益工具		
商誉			资本公积		
长期待摊费用			减:库存股		
递延所得税资产			其他综合收益		
其他非流动资产			盈余公积	51 217.19	
非流动资产合计	979 925		未分配利润	16 579.06	
			所有者权益（或股东权益）合计	1 067 796.25	
资产总计	1 524 554.50		负债和所有者权益（或股东权益）合计	1 524 554.50	

附录三

第四章 利润表项目编制单项实训参考答案

利 润 表

会企02表

编制单位:华诚制衣有限公司　　2009年12月　　　　　　　　　　单位:元

项　　目	本期金额	上期金额
一、营业收入	299 000	
减:营业成本	179 926	
税金及附加	1 974.50	
销售费用	8 300	
管理费用	16 000	
研发费用		
财务费用	650	
其中:利息费用		
利息收入		
资产减值损失		
信用减值损失		
加:其他收益		
投资收益(损失以"-"号填列)		
其中:对联营企业和合营企业的投资收益		
净敞口套期收益(损失以"-"号填列)		
公允价值变动收益(损失以"-"号填列)		
资产处置收益(损失以"-"号填列)		
二、营业利润(亏损以"-"号填列)	92 149.50	
加:营业外收入	1 825.50	

(续表)

项　　目	本期金额	上期金额
减:营业外支出	10 000	
三、利润总额(亏损总额以"－"号填列)	83 975	
减:所得税费用	20 993.75	
四、净利润(净亏损以"－"号填列)	62 981.25	
五、其他综合收益的税后净额		
六、综合收益总额		
七、每股收益		
（一）基本每股收益		
（二）稀释每股收益		

附录四

第五章 现金流量表项目编制单项实训参考答案

根据练习2-1列示华诚制衣股份公司相关资料,完成该公司20×8年12月份现金流量表,采用工作底稿法,可按以下步骤编制:

1. 将华诚制衣股份公司资产负债表项目和利润表项目过入工作底稿。

现金流量表工作底稿

项 目	期初数	调整分录 借方	调整分录 贷方	期末数
一、资产负债表项目				
借方项目:				
货币资金	247 476.40			232 031.90
交易性金融资产				
应收票据及应收账款	56 000			136 640
预付款项	3 800			22 800
其他应收款	1 500			1 000
存货	162 383.60			152 157.60
可供出售金融资产				
长期股权投资				
固定资产	950 000			1 001 500
工程物资				
在建工程				
无形资产				
开发支出				
借方项目合计	1421 160			1 546 129.50
贷方项目:				
累计折旧	19 200			21 575
短期借款	200 000			200 000
应付票据及应付账款	23 400			47 660
其他应付款	1 200			166 385
应付职工薪酬				
应交税费	6 160			42 713.25

(续表)

项　　目	期初数	调整分录 借方	调整分录 贷方	期末数
1年内到期的非流动负债				0
长期借款				
递延所得税负债				
股本	1 000 000			1 000 000
资本公积				
盈余公积	20 020			51 217.19
未分配利润	6 180			16 579.06
本年利润	145 000			0
贷方项目合计	1 421 160			1 546 129.50
二、利润表项目				
营业收入				299 000
营业成本				179 926
税金及附加				1 974.50
销售费用				8 300
管理费用				16 000
财务费用				650
资产减值损失				
公允价值变动收益				
投资收益				
营业外收入				1 825.50
营业外支出				10 000
所得税费用				20 993.75
净利润				62 981.25
三、现金流量表项目				
（一）经营活动产生的现金流量				
销售商品、提供劳务收到的现金				
收到的税费返还				
收到的其他与经营活动有关的现金				
现金流入小计				
购买商品、接受劳务支付的现金				
支付给职工以及为职工支付的现金				
支付的各项税费				

(续表)

项　目	期初数	调整分录		期末数
		借方	贷方	
支付其他与经营活动有关的现金				
现金流出小计				
经营活动产生现金流量净额				
（二）投资活动产生的现金流量				
收回投资收到的现金				
取得投资收益收到的现金				
处置固定资产、无形资产和其他长期资产收回的现金净额				
处置子公司及其他营业单位收到的现金净额				
收到其他与投资活动有关的现金				
现金流入小计				
购建固定资产、无形资产和其他长期资产支付的现金				
投资支付的现金				
取得子公司及其他营业单位支付的现金净额				
支付其他与投资活动有关的现金				
现金流出小计				
投资活动产生现金净额				
（三）筹资活动产生的现金流量				
吸收投资收到的现金				
取得借款收到的现金				
收到其他与筹资活动有关的现金				
现金流入小计				
偿还债务支付的现金				
分配股利、利润或偿付利息支付的现金				
支付其他与筹资活动有关的现金				
现金流出小计				
筹资活动产生现金流量净额				
（四）现金及现金等价物净增加额				

2. 对当期业务进行分析并编制调整分录。假定编制该公司现金流量表时所用的现金概念与货币资金完全一致。编制调整分录时,以利润表项目为基础,从营业收入开始,结合资产负债表项目逐一进行分析,调整完利润表项目,进而调整资产负债表项目。

(1) 分析调整营业收入

营业收入和增值税销项税额会带来经营活动现金流量;取得营业收入若当期未收回,也会对应收款项发生影响;当期收回以前未收回的应收款项,也会带来现金流入。分析本期所确认的营业收入,主要分析营业收入以及对应的应收款项的变化。

本期所确认的营业收入为 299 000 元,增值税销项税额为 47 840 元,营业收入和销项税额对应着"经营活动现金流量——销售商品、提供劳务收到的现金"。由于销售并非都为现销,营业收入和销项税额还会引起非现金项目增减变化。本例中涉及"应收账款""应收票据"账户,因而需分析资产负债表"应收票据及应收账款"项目的变动。本例中"应收票据及应收账款"项目期初数为 56 000 元,期末数为 136 640 元,增加了 80 640 元。调整分录为:

借:经营活动现金流量——销售商品、提供劳务收到现金　　266 200
　　应收票据及应收账款　　80 640
　贷:营业收入　　299 000
　　　应交税费——应交增值税(销项税额)　　47 840

(2) 分析调整营业成本

本期所确认的营业成本为 179 926 元,营业成本的发生对应着存货的减少,因而分析调整营业成本时需同时考虑资产负债表项目的变化。购入存货时要同时支付增值税进项税额,导致现金流出,计入"经营活动现金流量——购买商品、接受劳务支付的现金"项目。本期第 3、9、32、33 笔经济业务发生与存货相关的进项税额共 20 095 元。由于购入存货并非都是现购,因而购入存货还可能影响应付账款、应付票据等账户的变动,对应着资产负债表"应付票据及应付账款"项目的变动。本例中"应付票据及应付账款"期初数为 23 400 元,期末数为 47 660 元,增加了 24 260 元。

本笔分录只做初步调整,即在营业成本的基础上,将应付账款的增加、存货的减少暂且作为"购买商品、接受劳务支付的现金"处理。

借:营业成本　　179 926
　　应交税费——应交增值税(进项税额)　　20 095
　贷:应付票据及应付账款　　24 260
　　　存货　　10 226

　　　　经营活动现金流量——购买商品、接受劳务支付的现金　　165 535
　（3）分析调整税金及附加
　本期确认的税金及附加为1 974.50元,从"T"型账户可看出,是第43笔经济业务引起的,其对应账户为应交税费。调整分析分录为:
　　借:税金及附加　　　　　　　　　　　　　　　　　　　　1 974.50
　　　贷:应交税费　　　　　　　　　　　　　　　　　　　　　1 974.50
　（4）分析调整销售费用
　本期确认的销售费用为8 300元,由"T"型账户可以看出,是由第25、38笔经济业务引起的。第25笔经济业务导致现金流出4 500元,作为"支付的其他与经营活动有关的现金"处理;第38笔经济业务对应的账户是"预付账款"账户,因而调整分录为:
　　借:销售费用　　　　　　　　　　　　　　　　　　　　　　8 300
　　　贷:预付账款　　　　　　　　　　　　　　　　　　　　　3 800
　　　　经营活动现金流量——支付的其他与经营活动有关的现金　4 500
　（5）分析调整管理费用
　本期确认的管理费用为16 000元,暂且将本期确认的管理费用计入"支付的其他与经营活动有关的现金"项目,若有管理费用的发生没有带来现金流出情况的,后面再做调整。编制的调整分录为:
　　借:管理费用　　　　　　　　　　　　　　　　　　　　　　16 000
　　　贷:经营活动现金流量——支付的其他与经营活动有关的现金 16 000
　（6）分析调整财务费用
　本期确认的财务费用为650元,由"T"型账户可以看出,第23、36笔经济业务涉及财务费用。第23笔经济业务购入设备,支付信汇手续费,计入"投资活动现金流量——支付的其他与投资活动有关的现金"项目;第36笔经济业务用银行存款支付本季度借款利息1 800元,导致现金流出1 800元,计入"筹资活动现金流量——分配股利、利润或偿付利息所支付的现金"项目,支付的借款利息1 800元,其中已预提1 200元,导致"应付利息"账户减少1 200元,计入财务费用600元。"应付利息"账户计入资产负债表的"其他应付款"项目,调整分录也相应地分析该项目。编制的调整分录为:
　　借:财务费用　　　　　　　　　　　　　　　　　　　　　　650
　　　其他应付款　　　　　　　　　　　　　　　　　　　　　1 200
　　　贷:筹资活动现金流量——分配股利、利润或偿付利息支付的现金
　　　　　　　　　　　　　　　　　　　　　　　　　　　　　1 800
　　　　投资活动现金流量——支付的其他与投资活动有关的现金　50

(7) 分析调整营业外收入

本期确认的营业外收入为 1 825.50 元,是第 18 笔经济业务收到的违约罚款带来的,计入"经营活动现金流量——收到的其他与经营活动有关的现金"项目。编制的调整分录为:

借:经营活动现金流量——收到的其他与经营活动有关的现金
                     1 825.50
 贷:营业外收入   1 825.50

(8) 分析调整营业外支出

本期确认的营业外支出为 10 000 元,为第 16 笔经济业务向希望工程捐款导致现金流出 10 000 元,计入"经营活动现金流量——支付的其他与经营活动有关的现金"项目内。调整分录为:

借:营业外支出   10 000
 贷:经营活动现金流量——支付的其他与经营活动有关的现金 10 000

(9) 分析调整所得税费用

本期确认的所得税费用为 20 993.75 元,由"T"型账户可以看出,确认所得税费用时对应的账户为"应交税费"。编制的调整分录为:

借:所得税费用   20 993.75
 贷:应交税费——应交所得税   20 993.75

(10) 分析调整净利润

本期确认的净利润为 62 981.25 元,第 49 笔经济业务要求结转本年度实现的净利润,因而要结转的净利润共有 207 887.50 元("本年利润"期初余额为 145 000 元),结转后导致未分配利润增加。编制的调整分录为:

借:净利润   62 981.25
  本年利润   145 000
 贷:未分配利润   207 981.25

(11) 分析调整其他应收款

利润表项目调整结束,进而调整资产负债表项目。"其他应收款"账户期初余额为 1 500 元,期末余额为 1 000 元,从"T"型账户可以看出涉及第 7、15 笔经济业务。第 7 笔经济业务职工暂借差旅费,导致其他应收款增加,现金流出,计入"经营活动现金流量——支付的其他与经营活动有关的现金"项目。第 15 笔经济业务中职工出差报销差旅费 1 437.50 元,余款退回,导致现金流入 62.50 元,计入"经营活动现金流量——收到的其他与经营活动有关的现金"项目,其他应收款减少 1 500 元,管理费用增加 1 437.50 元。由于调整分录(5)假设本期确认的管理费用都对应现金流出,属于"经营活动现金流量——支付其他与经营活动有关的现金",而本处管理费用的发生对应的是其他应收款的减少,没有导致现金流出,因而应调整减少"支付的其他与经营活动有关的现金"项目。编制的调整分录为:

借:其他应收款 1 000
　　贷:经营活动现金流量——支付的其他与经营活动有关的现金 1 000
借:经营活动现金流量——支付其他与经营活动有关的现金 1 437.50
　　　　　　　　　　——收到的其他与经营活动有关的现金 62.50
　　贷:其他应收款 1 500

(12) 分析调整预付账款

华诚股份有限公司预付账款核算的是预付专设销售机构房屋租赁费,计入"经营活动现金流量——支付的其他与经营活动有关的现金"项目。调整分录(4)已调整了预付账款贷方发生额3 800元,还需根据第28笔经济业务调整预付账款借方发生额22 800元。编制的调整分录为:

借:预付账款 22 800
　　贷:经营活动现金流量——支付的其他与经营活动有关的现金 22 800

(13) 分析调整固定资产

本期固定资产增加了51 500元,购置固定资产还支付了8 000元进项税额,计入"投资活动现金流量——购置固定资产、无形资产和其他长期资产支付的现金"项目。编制的调整分录为:

借:固定资产 51 500
　　应交税费——应交增值税(进项税额) 8 000
　　贷:投资活动现金流量——购置固定资产、无形资产和其他长期资产支付现金 59 500

(14) 分析调整应交税费

该项目比较复杂,由于增值税销项税额已于调整分录(1)调整;与购买材料有关的进项税额已通过调整分录(2)调整;本期确认的税金及附加已通过调整分录(3)调整;支付购买固定资产相关的进项税额已通过调整分录(13)调整。因而此处只需分析确定该公司实际上缴税务机关的增值税、城市维护建设税、教育费附加6 160元,计入"经营活动现金流量——支付的各项税费"项目。调整分录为:

借:应交税费 6 160
　　贷:经营活动现金流量——支付的各项税费 6 160

(15) 分析调整应付职工薪酬

本期支付职工薪酬53 280元,导致"应付职工薪酬"有53 280元借方发生额,同时现金流出企业,计入"经营活动现金流量——支付给职工以及为职工支付的现金"项目;

本期"应付职工薪酬"贷方发生额为 53 280 元,有 41 650 元计入了产品成本,它增加了存货,但与"购买商品支付的现金"无关,因而应在调整分录(2)的基础上减少"购买商品、接受劳务支付的现金"41 650 元;计入"管理费用"的有 11 630 元,应在调整分录(5)的基础上调整减少"支付的其他与经营活动有关的现金"。编制的调整分录为:

借:应付职工薪酬　　　　　　　　　　　　　　　　　53 280
　　贷:经营活动现金流量——支付给职工以及为职工支付的现金　53 280
借:经营活动现金流量——购买商品、接受劳务支付的现金　41 650
　　　　　　　　　——支付的其他与经营活动有关的现金　11 630
　　贷:应付职工薪酬　　　　　　　　　　　　　　　　53 280

(16) 分析调整其他应付款

企业当期应付利润为 166 385 元,"应付利润"账户影响的是资产负债表"其他应付款"项目,同时向投资者分配利润导致资产负债表未分配利润项目减少 166 385 元。编制的调整分录为:

借:未分配利润　　　　　　　　　　　　　　　　　166 385
　　贷:其他应付款　　　　　　　　　　　　　　　　166 385

(17) 分析调整累计折旧

本期计提累计折旧 2 375 元,其中车间折旧费 1 662.50 元,计入制造费用,后分配计入产品成本,它导致存货增加 1 662.50 元,但并没有任何现金流出,而调整分录(2)假设所有存货的增加都列入"购买商品、接受劳务支付的现金",因而应在调整分录(2)的基础上,调整减少"购买商品、接受劳务支付的现金" 1 662.50 元;行政管理费用应提折旧 712.50 元,计入"管理费用",由于调整分录(5)假设所有的管理费用都对应现金流出,属于"支付的其他与经营活动有关的现金",而折旧费没有导致现金流出,因而应在调整分录(5)的基础上调整减少"支付的其他与经营活动有关的现金" 712.50 元。

借:经营活动现金流量——购买商品、接受劳务支付的现金　1 662.50
　　　　　　　　　——支付的其他与经营活动有关的现金　712.50
　　贷:累计折旧　　　　　　　　　　　　　　　　　　2 375

(18) 分析调整盈余公积

本期提取的盈余公积为 31 197.19 元,提取盈余公积导致未分配利润减少。编制的调整分录为:

借:未分配利润　　　　　　　　　　　　　　　　　31 197.19
　　贷:盈余公积　　　　　　　　　　　　　　　　　31 197.19

(19) 分析调整现金净变化额
借:现金净减少额　　　　　　　　　　　　　　　　15 444.50
　　贷:货币资金　　　　　　　　　　　　　　　　　　　15 444.50

3. 将调整分录过入工作底稿相应项目的调整分录栏内,结出现金流量表项目经营活动现金流量净额、投资活动现金流量净额、筹资活动现金流量净额和现金及现金等价物净增加额。验证现金及现金等价物净增加额与资产负债表货币资金项目是否保持一致。

项　　目	期初数	调整分录		期末数
		借方	贷方	
一、资产负债表项目				
借方项目:				
货币资金	247 476.40		(19) 15 444.50	232 031.90
交易性金融资产				
应收票据及应收账款	56 000	(1) 80 640		136 640
预付款项	3 800	(12) 22 800	(4) 3 800	22 800
其他应收款	1 500	(11) 1 000	(11) 1 500	1 000
存货	162 383.60		(2) 10 226	152 157.60
长期股权投资				
其他权益工具投资				
固定资产	950 000	(13) 51 500		1 001 500
在建工程				
借方项目合计	1 421 160			1 546 129.50
贷方项目:				
累计折旧	19 200		(17) 2 375	21 575
短期借款	200 000			200 000
应付票据及应付账款	23 400		(2) 24 260	47 660
其他应付款	1 200	(6) 1 200	(16) 166 385	166 385
应付职工薪酬		(15) 53 280	(15) 53 280	
应交税费	6 160	(2) 20 095	(1) 47 840	42 713.25
		(13) 8 000	(3) 1 974.50	
		(14) 6 160	(9) 20 993.75	
股本	1 000 000			1 000 000
资本公积				
盈余公积	20 020		(18) 31 197.19	51 217.19
未分配利润	6 180	(16) 166 385	(10) 207 981.25	16 579.06
		(18) 31 197.19		
本年利润	145 000	(10) 145 000		0
贷方项目合计	1 421 160			1 546 129.50

（续表）

项　　目	调整分录 借方		调整分录 贷方		期末数
二、利润表项目					
营业收入			(1)	299 000	299 000
营业成本	(2)	179 926			179 926
税金及附加	(3)	1 974.50			1 974.50
销售费用	(4)	8 300			8 300
管理费用	(5)	16 000			16 000
财务费用	(6)	650			650
资产减值损失					
公允价值变动收益					
投资收益					
营业外收入			(7)	1 825.50	1 825.50
营业外支出	(8)	10 000			10 000
所得税费用	(9)	20 993.75			20 993.75
净利润	(10)	62 981.25			62 981.25
三、现金流量表项目					
（一）经营活动产生的现金流量					
销售商品、提供劳务收到的现金	(1)	266 200			266 200
收到的税费返还					
收到的其他与经营活动有关的现金	(7)	1 825.50			1 888
	(11)	62.50			
现金流入小计					268 088
购买商品、接受劳务支付的现金	(15)	41 650	(2)	165 535	122 222.50
	(17)	1 662.50			
支付给职工以及为职工支付的现金			(15)	53 280	53 280
支付的各项税费			(14)	6 160	6 160
支付其他与经营活动有关的现金	(11)	1 437.50	(4)	4 500	40 520
	(15)	11 630	(5)	16 000	
	(17)	712.50	(8)	10 000	
			(11)	1 000	
			(12)	22 800	
现金流出小计					222 182.50
经营活动产生现金流量净额					45 905.50
（二）投资活动产生的现金流量					
收回投资收到的现金					
取得投资收益收到的现金					
处置固定资产、无形资产和其他长期资产收回的现金净额					
处置子公司及其他营业单位收到的现金净额					

(续表)

项　　目	调整分录 借方	调整分录 贷方	期末数
收到其他与投资活动有关的现金			
现金流入小计			
购建固定资产、无形资产和其他长期资产支付的现金	(13)	59 500	59 500
投资支付的现金			
取得子公司及其他营业单位支付的现金净额			
支付其他与投资活动有关的现金	(6)	50	50
现金流出小计			59 550
投资活动产生现金净额			-59 550
(三)筹资活动产生的现金流量			
吸收投资收到的现金			
取得借款收到的现金			
收到其他与筹资活动有关的现金			
现金流入小计			
偿还债务支付的现金			
分配股利、利润或偿付利息支付的现金			
支付其他与筹资活动有关的现金	(6)	1 800	1 800
现金流出小计			1 800
筹资活动产生现金流量净额			-1 800
(四)现金及现金等价物净增加额	(19)	15 444.50	-15 444.50

4. 根据现金流量表工作底稿中现金流量表部分编制华诚制衣有限公司 20×8 年 12 月份正式的现金流量表。

现金流量表

会企 03 表

编制单位：华诚制衣有限公司　　　20×8 年 12 月　　　单位：元

项　　目	本期金额	上期金额
一、经营活动产生的现金流量		
销售商品、提供劳务收到的现金	266 200	
收到的税费返还		
收到其他与经营活动有关的现金	1 888	
经营活动现金流入小计	268 088	

（续表）

项　　目	本期金额	上期金额
购买商品、接受劳务支付的现金	122 222.50	
支付给职工以及为职工支付的现金	53 280	
支付的各项税费	6 160	
支付其他与经营活动有关的现金	40 520	
经营活动现金流出小计	222 182.50	
经营活动产生的现金流量净额	45 905.50	
二、投资活动产生的现金流量		
收回投资收到的现金		
取得投资收益收到的现金		
处置固定资产、无形资产和其他长期资产收回的现金净额		
处置子公司及其他营业单位收到的现金净额		
收到其他与投资活动有关的现金		
投资活动现金流入小计		
购建固定资产、无形资产和其他长期资产支付的现金	59 500	
投资支付的现金		
取得子公司及其他营业单位支付的现金净额		
支付其他与投资活动有关的现金	50	
投资活动现金流出小计	59 550	
投资活动产生的现金流量净额	－59 550	
三、筹资活动产生的现金流量		
吸收投资收到的现金		
取得借款收到的现金		
收到其他与筹资活动有关的现金		
筹资活动现金流入小计		
偿还债务支付的现金		
分配股利、利润或偿付利息支付的现金	1 800	
支付其他与筹资活动有关的现金		

（续表）

项　　目	本期金额	上期金额
筹资活动现金流出小计	1 800	
筹资活动产生的现金流量净额	－1 800	
四、汇率变动对现金及现金等价物的影响		
五、现金及现金等价物净增加额	－15 444.50	
加：期初现金及现金等价物余额	247 476.40	
六、期末现金及现金等价物余额	232 031.90	

附录五

第六章 所有者权益变动表项目编制单项实训参考答案

表 6-5 所有者权益变动表

编制单位：华诚制衣有限公司　　20×8 年度　　会企 04 表　单位：元

项目	本年金额										上年金额									
	实收资本（或股本）	其他权益工具			资本公积	减：库存股	其他综合收益	盈余公积	未分配利润	所有者权益合计	实收资本（或股本）	其他权益工具			资本公积	减：库存股	其他综合收益	盈余公积	未分配利润	所有者权益合计
		优先股	永续债	其他								优先股	永续债	其他						
一、上年年末余额	1 000 000																			
加：会计政策变更																				
前期差错更正																				
其他																				
二、本年年初余额	1 000 000																			
三、本年增减变动金额（减少以"-"号填列）								20 020	6 180	1 026 200										
（一）综合收益总额									6 180	1 026 200										
（二）所有者投入和减少资本					31 197.19	10 369.06	41 596.25	20 020	207 981.25	207 981.25										

(续表)

项目	本年金额								上年金额							
	实收资本(或股本)	其他权益工具			资本公积	减:库存股	其他综合收益	盈余公积	未分配利润	所有者权益合计	实收资本(或股本)	其他权益工具			资本公积	减:库存股	其他综合收益	盈余公积	未分配利润	所有者权益合计
		优先股	永续债	其他								优先股	永续债	其他						
1. 所有者投入的普通股																				
2. 其他权益工具持有者投入资本																				
3. 股份支付计入所有者权益的金额																				
4. 其他																				
(三)利润分配																				
1. 提取盈余公积								31 197.19	-31 197.19	0										
2. 对所有者(或股东)的分配									-166 385	-166 385										
3. 其他																				
(四)所有者权益内部结转																				
1. 资本公积转增资本(或股本)																				
2. 盈余公积转增资本(或股本)																				
3. 盈余公积弥补亏损																				
4. 设定受益计划变动额结转留存收益																				
5. 其他综合收益结转留存收益																				
6. 其他																				
四、本年年末余额	1 000 000							51 217.19	16 579.06	1 067 796.25										

附录六

第七章 财务报告编制综合实训参考答案

一、编制智童股份公司2008年发生经济业务的会计分录。

1. 借：应付票据 100 000
     贷：银行存款 100 000
2. 借：材料采购 150 000
        应交税费——应交增值税（进项税额） 24 000
     贷：银行存款 174 000
3. 借：原材料 95 000
        材料成本差异 5 000
     贷：材料采购 100 000
4. 借：材料采购 99 800
        应交税费——应交增值税（进项税额） 15 968
        银行存款 1 232
     贷：其他货币资金 117 000
   借：原材料 100 000
     贷：材料采购 99 800
        材料成本差异 200
5. 借：应收账款 348 000
     贷：主营业务收入 300 000
        应交税费——应交增值税（销项税额） 48 000
6. 借：银行存款 16 500
     贷：交易性金融资产 15 000
        投资收益 1 500
7. 借：固定资产 121 000
        应交税费——应交增值税（进项税额） 19 200
     贷：银行存款 140 200
8. 借：工程物资 150 000

　　　　　　应交税费——应交增值税(进项税额)　　　　　　　　24 000
　　　　　　贷:银行存款　　　　　　　　　　　　　　　　　　　174 000
　9. 借:在建工程　　　　　　　　　　　　　　　　　　　　　　328 000
　　　　　　贷:应付职工薪酬——工资　　　　　　　　　　　　 200 000
　　　　　　　　　　　　——福利费　　　　　　　　　　　　　 28 000
　　　　　　应交税费——耕地占用税　　　　　　　　　　　　　100 000
10. 借:在建工程　　　　　　　　　　　　　　　　　　　　　　 150 000
　　　　　　贷:长期借款——应计利息　　　　　　　　　　　　 150 000
11. 借:固定资产　　　　　　　　　　　　　　　　　　　　　 1 400 000
　　　　　　贷:在建工程　　　　　　　　　　　　　　　　　 1 400 000
12. 借:固定资产清理　　　　　　　　　　　　　　　　　　　　 20 000
　　　　累计折旧　　　　　　　　　　　　　　　　　　　　　 180 000
　　　　　　贷:固定资产　　　　　　　　　　　　　　　　　　 200 000
　　　借:固定资产清理　　　　　　　　　　　　　　　　　　　　　 500
　　　　　　贷:银行存款　　　　　　　　　　　　　　　　　　　　 500
　　　借:银行存款　　　　　　　　　　　　　　　　　　　　　　　 800
　　　　　　贷:固定资产清理　　　　　　　　　　　　　　　　　　 800
　　　借:营业外支出　　　　　　　　　　　　　　　　　　　　 19 700
　　　　　　贷:固定资产清理　　　　　　　　　　　　　　　　 19 700
13. 借:银行存款　　　　　　　　　　　　　　　　　　　　　　400 000
　　　　　　贷:长期借款　　　　　　　　　　　　　　　　　　400 000
14. 借:银行存款　　　　　　　　　　　　　　　　　　　　　　974 000
　　　　　　贷:主营业务收入　　　　　　　　　　　　　　　　840 000
　　　　　　　　应交税费——应交增值税(销项税额)　　　　　 134 000
15. 借:银行存款　　　　　　　　　　　　　　　　　　　　　　200 000
　　　　　　贷:应收票据　　　　　　　　　　　　　　　　　　200 000
16. 借:银行存款　　　　　　　　　　　　　　　　　　　　　　 30 000
　　　　　　贷:投资收益　　　　　　　　　　　　　　　　　　 30 000
17. 借:固定资产清理　　　　　　　　　　　　　　　　　　　　250 000
　　　　累计折旧　　　　　　　　　　　　　　　　　　　　　 150 000
　　　　　　贷:固定资产　　　　　　　　　　　　　　　　　　400 000
　　　借:银行存款　　　　　　　　　　　　　　　　　　　　　330 000
　　　　　　贷:固定资产清理　　　　　　　　　　　　　　　　300 000
　　　　　　　　应交税费——应交增值税(销项税额)　　　　　　45 600

借:固定资产清理 35 000
　　贷:资产处置损益 35 000
18. 借:财务费用 21 500
　　贷:应付利息 11 500
　　　　长期借款 10 000
19. 借:短期借款 250 000
　　　应付利息 12 500
　　贷:银行存款 262 500
20. 借:库存现金 5 000
　　贷:银行存款 5 000
21. 借:应付职工薪酬 500 000
　　贷:银行存款 500 000
22. 借:生产成本 275 000
　　　制造费用 10 000
　　　管理费用 15 000
　　贷:应付职工薪酬——工资 300 000
23. 借:生产成本 38 500
　　　制造费用 1 400
　　　管理费用 2 100
　　贷:应付职工薪酬——福利费 42 000
24. 借:生产成本 700 000
　　贷:原材料 700 000
　　借:制造费用 52 500
　　贷:低值易耗品 52 500
25. 借:生产成本 35 000
　　贷:材料成本差异 35 000
26. 借:管理费用 60 000
　　贷:累计摊销 60 000
　　借:管理费用 10 000
　　　制造费用 90 000
　　贷:长期待摊费用 100 000
27. 借:制造费用 80 000
　　　管理费用 20 000
　　贷:累计折旧 100 000

借：资产减值损失　　　　　　　　　　　　　　　　　　30 000
　　　贷：固定资产减值准备　　　　　　　　　　　　　　　30 000
28. 借：银行存款　　　　　　　　　　　　　　　　　　　51 000
　　　贷：应收账款　　　　　　　　　　　　　　　　　　　51 000
29. 借：销售费用　　　　　　　　　　　　　　　　　　　10 000
　　　贷：银行存款　　　　　　　　　　　　　　　　　　　10 000
30. 借：生产成本　　　　　　　　　　　　　　　　　　　233 900
　　　贷：制造费用　　　　　　　　　　　　　　　　　　　233 900
　　借：库存商品　　　　　　　　　　　　　　　　　　　1 282 400
　　　贷：生产成本　　　　　　　　　　　　　　　　　　　1 282 400
31. 借：销售费用　　　　　　　　　　　　　　　　　　　10 000
　　　贷：银行存款　　　　　　　　　　　　　　　　　　　10 000
32. 借：应收票据　　　　　　　　　　　　　　　　　　　290 000
　　　贷：主营业务收入　　　　　　　　　　　　　　　　　250 000
　　　　　应交税费——应交增值税（销项税额）　　　　　　40 000
33. 借：银行存款　　　　　　　　　　　　　　　　　　　270 000
　　　　财务费用　　　　　　　　　　　　　　　　　　　　20 000
　　　贷：应收票据　　　　　　　　　　　　　　　　　　　290 000
34. 借：其他应收款　　　　　　　　　　　　　　　　　　10 000
　　　贷：银行存款　　　　　　　　　　　　　　　　　　　10 000
35. 借：管理费用　　　　　　　　　　　　　　　　　　　50 000
　　　贷：银行存款　　　　　　　　　　　　　　　　　　　50 000
36. 借：税金及附加　　　　　　　　　　　　　　　　　　2 000
　　　贷：应交税费——应交教育费附加　　　　　　　　　　2 000
37. 借：应交税费——应交增值税　　　　　　　　　　　　100 000
　　　　　　　　　——应交教育费附加　　　　　　　　　　2 000
　　　贷：银行存款　　　　　　　　　　　　　　　　　　　102 000
38. 借：主营业务成本　　　　　　　　　　　　　　　　　834 000
　　　贷：库存商品　　　　　　　　　　　　　　　　　　　834 000
39. 借：信用减值损失　　　　　　　　　　　　　　　　　891
　　　贷：坏账准备　　　　　　　　　　　　　　　　　　　891
40. 借：主营业务收入　　　　　　　　　　　　　　　　　1 390 000
　　　　投资收益　　　　　　　　　　　　　　　　　　　　31 500
　　　　资产处置损益　　　　　　　　　　　　　　　　　　35 000

	贷:本年利润	1 456 500
	借:本年利润	1 105 191
	贷:主营业务成本	834 000
	营业外支出	19 700
	税金及附加	2 000
	资产减值损失	30 000
	信用减值损失	891
	销售费用	20 000
	管理费用	157 100
	财务费用	41 500

41. 借:所得税费用　　　　　　　　　　　　　　87 827
　　　贷:应交税费——应交所得税　　　　　　　　　87 827
　　借:本年利润　　　　　　　　　　　　　　　　87 827
　　　贷:所得税费用　　　　　　　　　　　　　　　87 827
42. 借:本年利润　　　　　　　　　　　　　　　263 482
　　　贷:利润分配——未分配利润　　　　　　　　263 482
43. 借:利润分配——提取盈余公积　　　　　　　26 348
　　　贷:盈余公积　　　　　　　　　　　　　　　26 348
43. 借:利润分配——未分配利润　　　　　　　　26 348
　　　贷:利润分配——提取盈余公积　　　　　　　26 348
44. 借:长期借款　　　　　　　　　　　　　1 000 000
　　　贷:银行存款　　　　　　　　　　　　　1 000 000
45. 借:应交税费——应交所得税　　　　　　　　87 827
　　　贷:银行存款　　　　　　　　　　　　　　　87 827

二、结出智董股份有限公司账户期末余额,编制资产负债表和利润表。

资产负债表

会证 01

编制单位:智董股份有限公司　　　20×8 年 12 月 31 日　　　单位:元

资　产	期末余额	年初余额	负债和所有者权益 (或股东权益)	期末余额	年初余额
流动资产:			流动负债:		
货币资金	942 805	1 406 300	短期借款	50 000	300 000

(续表)

资　　产	期末余额	年初余额	负债和所有者权益（或股东权益）	期末余额	年初余额
交易性金融资产	0	15 000	交易性金融负债		
衍生金融资产			衍生金融负债		
应收票据及应收账款	641 209	545 100	应付票据及应付账款	1 053 800	1 153 800
预付款项	100 000	100 000	预收款项		
其他应收款	15 000	5 000	合同负债		
存货	2 490 700	2 580 000	应付职工薪酬	180 000	110 000
合同资产			应交税费	214 832	30 000
持有待售资产			其他应付款	50 000	51 000
一年内到期的非流动资产			持有待售负债		
其他流动资产			一年内到期的非流动负债	0	1 000 000
流动资产合计	4 189 714	4 651 400	其他流动负债	6 600	6 600
非流动资产：			流动负债合计	1 555 232	2 651 400
债权投资			非流动负债：		
其他债权投资			长期借款	1 160 000	600 000
长期应收款			应付债券		
长期股权投资	250 000	250 000	其中:优先股		
其他权益工具投资			永续债		
其他非流动金融资产			长期应付款		
投资性房地产			预计负债		
固定资产	2 221 000	1 100 000	递延收益		
在建工程	728 000	1 500 000	递延所得税负债		
生产性生物资产			其他非流动负债		
油气资产			非流动负债合计	1 160 000	600 000
无形资产	540 000	600 000	负债合计	2 715 232	3 251 400
开发支出			所有者权益（或股东权益）：		

(续表)

资产	期末余额	年初余额	负债和所有者权益（或股东权益）	期末余额	年初余额
商誉			实收资本（或股本）	5 000 000	5 000 000
长期待摊费用	0	100 000	其他权益工具		
递延所得税资产			其中：优先股		
其他非流动资产	200 000	200 000	永续债		
非流动资产合计	3 939 000	3 750 000	资本公积		
			减：库存股		
			其他综合收益		
			盈余公积	126 348	100 000
			未分配利润	287 134	50 000
			所有者权益（或股东权益）合计	5 413 482	5 150 000
资产总计	8 128 714	8 401 400	负债和所有者权益（或股东权益）总计	8 128 714	8 401 400

利 润 表

会企 02 表

编制单位：智董股份有限公司　　20×8 年 12 月　　单位：元

项　　目	本期金额	上期金额
一、营业收入	1 390 000	
减：营业成本	834 000	
税金及附加	2 000	
销售费用	20 000	
管理费用	157 100	
研发费用	0	
财务费用	41 500	
其中：利息费用	41 500	
利息收入	0	
资产减值损失	30 000	

(续表)

项　　目	本期金额	上期金额
信用减值损失	891	
加:其他收益		
投资收益(损失以"－"号填列)	31 500	
其中:对联营企业和合营企业的投资收益		
净敞口套期收益(损失以"－"号填列)		
公允价值变动收益(损失以"－"号填列)		
资产处置收益(损失以"－"号填列)	35 000	
二、营业利润(亏损以"－"号填列)	371 009	
加:营业外收入	0	
减:营业外支出	19 700	
三、利润总额(亏损总额以"－"号填列)	351 309	
减:所得税费用	87 827	
四、净利润(净亏损以"－"号填列)	263 482	
（一）持续经营净利润(净亏损以"－"号填列)		
（二）终止经营净利润(净亏损以"－"号填列)		
五、其他综合收益的税后净额	—	
六、综合收益总额	263 482	
七、每股收益		
（一）基本每股收益		
（二）稀释每股收益		

三、把资产负债表项目和利润表项目金额过入现金流量表工作底稿,编制调整分录。

（略）

四、将调整分录过入现金流量表工作底稿,完成现金流量表。

附录六

现金流量表

会企 03 表

编制单位：智童股份有限公司　　20×8 年12 月　　　　　　　　　　　　单位：元

项　目	本期金额	上期金额
一、经营活动产生的现金流量		
销售商品、提供劳务收到的现金	1 495 400	
收到的税费返还		
收到其他与经营活动有关的现金		
经营活动现金流入小计	1 495 400	
购买商品、接受劳务支付的现金	389 768	
支付给职工以及为职工支付的现金	300 000	
支付的各项税费	189 827	
支付其他与经营活动有关的现金	80 000	
经营活动现金流出小计	959 595	
经营活动产生的现金流量净额	535 805	
二、投资活动产生的现金流量		
收回投资收到的现金	15 000	
取得投资收益收到的现金	31 500	
处置固定资产、无形资产和其他长期资产收回的现金净额	330 900	
处置子公司及其他营业单位收到的现金净额		
收到其他与投资活动有关的现金		
投资活动现金流入小计	377 400	
购建固定资产、无形资产和其他长期资产支付的现金	514 200	
投资支付的现金		
取得子公司及其他营业单位支付的现金净额		
支付其他与投资活动有关的现金		
投资活动现金流出小计	514 200	
投资活动产生的现金流量净额	−136 800	
三、筹资活动产生的现金流量		

(续表)

项　　目	本期金额	上期金额
吸收投资收到的现金		
取得借款收到的现金	400 000	
收到其他与筹资活动有关的现金		
筹资活动现金流入小计	400 000	
偿还债务支付的现金	1 250 000	
分配股利、利润或偿付利息支付的现金	12 500	
支付其他与筹资活动有关的现金		
筹资活动现金流出小计	1 800	
筹资活动产生的现金流量净额	−1 800	
四、汇率变动对现金及现金等价物的影响		
五、现金及现金等价物净增加额	1 262 500	
加：期初现金及现金等价物余额	−862 500	
六、期末现金及现金等价物余额	−463 495	

参考文献

[1] 戴德明,等.财务会计学(第10版)[M].北京:中国人民大学出版社,2018

[2] 财政部会计资格评价中心.初级会计实务[M].北京:经济科学出版社,2018

[3] 李海波.新编会计学原理:基础会计(第15版)[M].上海:立信会计出版社,2011

[4] 徐淑芬.会计基础技能训练[M].北京:中国纺织出版社,2008